KB179053

김정희가 들려주는

실사구시實事求是 이야기

김정희가 들려주는
실사구시實事求是 이야기

ⓒ 임옥균, 2008

초판 1쇄 발행일 2008년 12월 13일
초판 10쇄 발행일 2022년 8월 5일

지은이   임옥균
그림   김정진
펴낸이   정은영

펴낸곳   (주)자음과모음
출판등록 2001년 11월 28일 제2001-000259호
주소   10881 경기도 파주시 회동길 325-20
전화   편집부 (02)324-2347 경영지원부 (02)325-6047
팩스   편집부 (02)324-2348 경영지원부 (02)2648-1311
e-mail   jamoteen@jamobook.com

ISBN 978-89-544-0832-5 (64100)

김정희가 들려주는
실사구시實事求是 이야기

임옥균 지음

㈜자음과모음

책머리에

　김정희의 삶과 생각을 다루는 책을 쓰기로 하여, 그동안 들러 보지 못했던 추사가 살았던 예산의 추사고택과 유배되었던 제주도에 가 보기로 했습니다. 예산 바로 옆 고장 공주에 살면서 어찌하여 여태까지 한 번도 들러보지 못했던가 자책하면서 추사의 고향으로 향했습니다. 예산시청의 홈페이지를 보니, 예산 시외버스터미널에서 추사고택까지 5분마다 버스가 다닌다고 안내되어 있었습니다. 그래서 안심하고 버스를 타고 가면 되겠거니 생각했습니다.

　예산시외버스터미널에 도착해 보니, 시청 홈페이지에 적힌 정보는 잘못된 것이었습니다. 한 시간 삼십 분이나 기다려야 추사 김정희의 고택으로 가는 버스가 있다는 것이었습니다. 그래서 버스로 갈 수 있는 신례원까지 가고 그곳에서부터 걸어가기로 했습니다. 신례원에서 고택까지 걸어가는 길은 매우 불편했습니다. 차도만 있고 인도는 따로 없었기 때문입니다. 시골길마저 언제 이처럼 사람 중심이 아니고 차 중심이 되었나 안타까워하며 추사고택에 도착했습니다.

날씨가 추운 탓에 고택을 찾는 사람은 많지 않았습니다. 나는 가능한 한 추사 김정희의 숨결을 느껴 보고자 찬찬히 고택을 둘러보았습니다. 60년대만 해도 많이 볼 수 있었던 집안 구조와 살림 도구들을 발견하고 금세 추억에 젖었답니다. 아쉬운 것은 추사 김정희가 쓰던 물건과 글씨의 진본을 전혀 볼 수 없었다는 점입니다. 진본을 대신해 놓아둔 모조품도 그리 정성스럽게 만든 것이 아닌 듯하여 마음이 아팠습니다.

고택을 나와 대문에서 오른쪽으로 조금 가니 추사 김정희의 묘가 있었습니다. 참배를 하고 묘소에 서 있는 비석의 내용을 읽어 보았습니다. 그 가운데 추사의 다음과 같은 말이 가장 인상적이었습니다.

"담계는 '옛 경전을 즐긴다'고 말했고, 운대는 '남이 그렇다고 말한다고 해서 나도 그렇다고 말하지는 않는다'고 했다. 두 분의 말이 나의 평생을 다 표현하였다."

담계와 운대는 김정희가 북경에서 만난 옹방강과 완원을 가리킵니다. 추사는 두 사람의 말을 빌려 스스로 자신의 평생 사업을 표현했던 것입니다. 평생 공부하고 연구하는 과정에서 자신이 납득할 수 있을 때까지 실제적인 일에서 진리를 구하는 실사구시(實事求是)를 추구했던 것입니다.

추사고택에서 돌아와 며칠을 쉬고 제주도의 추사 유배지로 향했습니다. 추사 김정희 덕분에 제주도에 처음 가 보았습니다. 추사 김정희는 온갖 어려움을 겪으며 도착했을 제주도에 필자는 비행기를 타고 한 시간 만에 도착했습니다. 추사가 세상을 뜬 지 백오십 년이 조금 넘었는데, 그동안 세상이 이렇게 많이 변한 것입니다. 추사가 다시 태어난다면 깜짝 놀라겠지요?

비행기에서 내려 버스를 타고 한 시간을 달려 추사가 있던 유배지에 도착할 수 있었습니다. 유배지는 조그마한 마을 가운데 있었습니다. 가끔 지나가는 차 말고는 사람을 거의 볼 수 없을 정도로 고요하고 쓸쓸해 보이는 곳이었습니다. 서울에서 벼슬을 살다가 이런 곳에 왔으니 견디기가 쉽지 않았을 것입니다. 나는 유배지에 있는 초가집에서 추사 김정희의 고독과 아픔을 느껴 보고자 서성거렸습니다.

이 시절에 쓴 추사의 편지들을 보면 환경이나 건강에 대해 하소연하는 내용을 접할 수 있습니다. 그러면서도 끊임없이 제자를 통해서 본가와 북경에서 책을 구해다가 보며 학문 연구를 게을리하지 않았습니다. 글씨도 부지런히 연구하여 추사체라는 불후의 글씨체를 완성하게 됩니다.

그런 면에서 추사 김정희의 학문과 예술은 어려운 환경 속에서 피어난 '꽃'이라고 할 수 있을 것입니다. 불이 쇠를 단련하듯이 어려운 환경이 사람의 인격을 단련하는 것이 아닌가 생각하게 되었습니다.

추사의 일생을 더듬으면서 필자는 인생과 학문, 예술에 대해서 참으로 많은 생각을 하게 되었습니다. 여러분들도 이 책을 통해서 추사 김정희의 인격과 학문, 예술에 대해 깊이 성찰해 보는 시간을 가질 수 있기 바랍니다.

2008년 10월

임옥균

C O N T E N T S

프롤로그

승곤이는 아빠 때문에 속상합니다. 아빠가 도대체 무슨 생각으로 사는지 모르겠다니까요.

다른 집 아빠들은 아침이면 회사든 가게든 일터로 나가서 일을 하는데 승곤이 아빠는 아침만 먹었다 하면 학원으로 가요. 공인회계사가 되기 위해서 시험공부를 하느라 그런대요.

몇 년 전, 잘 다니던 회사를 갑자기 그만두고 시험공부를 한다고 했을 때만 해도 승곤이는 별 걱정을 하지 않았어요. 아빠는 우리나라에서도 손꼽히는 명문 대학을 나온 데다 머리가 아주 좋았으니까요. 일 년만 열심히 공부하면 당당히 시험에 합격할 줄 알았지요.

그런데 벌써 몇 년째 아빠가 시험에 낙방하면서 승곤이의 집에는 먹구름이 감돌았어요. 아빠는 자신감을 잃은 것 같았고, 엄마도 혼자 벌어서 생활해야 하는 일상에 지친 듯해요. 엄마가 다니는 회사는 월급이 많은 편이라고 해요. 하지만 엄마 혼자 일해서 우리 식구 모두 생활해 나가려면 예전에 비해 빠듯하게 살 수밖에 없어요. 그 문제로 요즘 엄마, 아빠는 자주 다툰답니다. 엄마는 밤늦게까지 야근하고 집에 돌아와서 아빠에게 신경질을 부려요. 그러면 싸움이 시작되지요.

"집에만 있으면 살림이라도 좀 잘해 놔요! 이게 집이에요, 돼지우리 에요? 청소라도 좀 해 놓을 것이지."

그럴 때 아빠가 가만히 있거나 미안하다고 하면 될 텐데 아빠도 같이 화를 낸답니다.

"나는 뭐 집에서 놀고 있어? 설거지도 하고 세탁기도 돌렸잖아. 그리고 나도 하루 종일 학원과 도서관에서 공부하느라 머리가 지끈지끈하단 말야!"

"아유, 당신이 공부 안 한다고 뭐라고 할 사람 아무도 없어요. 자신 없으면 이제라도 그만둬요. 이게 벌써 몇 년째예요? 내가 창피해서 동창회를 못나가겠어요!"

이렇게 티격태격 싸우는 모습을 보면 승곤이는 집을 나가고 싶어져요. 솔직히 엄마 말이 백 번 옳다는 생각이 들어요. 친구들 집을 아무리 둘러봐도 승곤이네 집처럼 아빠는 공부하고 엄마가 일하는 집은 거의 없거든요.

전에는 승곤이 친구인 명호가 이렇게 말했어요.

"야, 너희 아빠 아직까지 흰 손이라며?"

처음에 승곤이는 그게 무슨 뜻인지 몰라서 어리둥절했지요.

"흰 손이 뭐야?"

"흰 손. 한문으로 바꾸어 봐. 흰 백, 손 수."

명호는 킥킥거리며 승곤이 눈치를 보는 거예요.

"백……수…… 뭐라구? 백수?"

승곤이는 그제야 명호가 자신을 놀리고 있다는 걸 깨닫고 얼굴이 시뻘게졌어요.

"야! 모르면 잠자코 있어! 우리 아빠가 놀고 있는 줄 알아? 아빠가 정말 원하는 일을 하기 위해 공부하느라 회사에 안 다니는 거야."

승곤이가 목에 핏대를 올리며 아빠의 입장을 설명했지만 명호는 귀담아 듣는 기색이 없었어요.

하긴 아빠의 모습을 보노라면 승곤이도 가슴이 답답해요. 아빠는 수염도 잘 안 깎아서 턱수염이 텁수룩하게 나 있고 옷도 후줄근하게 입고 다니거든요. 요즘 들어서는 신경이 날카로워져서인지 웃는 일도 없고 늘 굳은 표정을 짓고 있어서 말을 걸기 힘들 정도예요.

공인회계사가 어떤 직업인지는 잘 모르겠는데 아빠가 몇 년을 고생해도 불합격하는 것을 보니 굉장히 어려운 시험인가 봐요.

솔직히 말해서 승곤이는 아빠가 전처럼 다시 회사에 다녔으면 좋겠어요. 아침이면 바쁘게 출근 준비를 하고 부랴부랴 자가용을 몰고 가는 모습이 그리워서이지요. 요즘 엄마한테 구박을 받는 아빠의 모습을 볼 때마다 승곤이도 마음이 아프답니다.

하지만 그것은 생각뿐이지 입 밖으로 한마디도 할 수가 없어요. 엄마가 그런 말을 해도 아빠는 신경질을 부리면서 방문을 쾅 닫아 버리는데 승곤이까지 그런 이야기를 꺼냈다가는 어떤 일이 벌어질지 안 봐도 뻔하지요.

승곤이 가족의 귀농

 나는 칠십 평생에 벼루 열 개를 밑바닥까지 뚫어지도록 갈았고,
붓 일천 자루를 몽당붓으로 만들었다.

—추사 김정희

1 시골로 가야 한대요

이상한 일이었어요. 학교 수업이 끝나고 집에 돌아왔는데 웬일인지 엄마 아빠가 집에 있는 거예요. 다른 때 같았으면 엄마는 회사에, 아빠는 도서관에 있을 시간이었거든요.

엄마 아빠는 표정이 어두웠어요. 아빠는 담배까지 피우고 있었어요. 아빠는 작년에 담배를 끊었는데 다시 피우다니, 뭔가 좋지 않은 일이 생긴 게 분명했어요.

"엄마, 아빠, 무슨 일이에요?"

승곤이가 물었지만 엄마 아빠는 묵묵부답이었어요.

한참만에야 엄마가 입을 열었어요.

"승곤아, 엄마 내일부터 회사에 안 나가."

"예? 왜요?"

승곤이는 깜짝 놀랐어요. 엄마가 회사에 안 다닌다는 게 처음에는 무슨 뜻인지 알 수 없었어요.

"그러면 이제 아빠가 회사에 다니게 되나요?"

"아니, 그것도 아니야."

엄마는 괴로운 듯 고개를 푹 숙였어요.

'그러면 어떻게 되는 거지? 아빠도, 엄마도 모두 회사에 안 다닌다면 우리 집은 어떻게 생활하는 거야?'

승곤이는 갑자기 어지러웠어요.

알고 보니 엄마가 다니는 회사가 구조 조정을 하게 됐대요. 그래서 몇 명의 직원들이 회사를 그만두게 되었다는 거예요. 그런데 그 중에 엄마도 포함되었다는 겁니다! 이제는 엄마도, 아빠도 아무도 돈을 벌지 못하게 된 거지요.

엄마가 결심한 듯 말했어요.

"이제 어쩔 수 없어요. 당신도 당장 회사에 다닐 형편이 못 되고, 나 역시 직장을 새로 잡기란 어려운 일이고…… 작년부터 친정아버지가 시골로 내려와 살라고 제안하셨는데 그 말씀을 따를 수밖에 없겠……."

"말도 안 돼!"

아빠는 엄마의 말이 끝나기도 전에 화난 듯 소리쳤어요.

"서울에서 살던 사람들이 시골로 내려가서 사는 게 쉬운 일인 줄 알아?"

그러자 엄마도 화난 목소리로 아빠의 말을 받아쳤어요.

"그러면 어떻게 해요? 뭔가 뾰족한 방법이라도 있어요?"

"좋아, 우리는 그렇다고 쳐. 승곤이는 어떻게 할 거야? 당장 전학을 시켜야 하잖아."

"그게 어때서요?"

"학원마다 돌아다니며 공부해도 좋은 대학 가기란 하늘의 별 따기야. 그런데 시골에서 살면서 어떻게 그 쟁쟁한 아이들을 따라잡겠어? 남들은 시골에 있다가도 자식 교육을 위해서 서울로 올라오는 판인데 우리는 거꾸로라니, 그게 말이 돼?"

하지만 승곤이는 아빠의 말이 이해되지 않았어요. 좋은 대학, 좋은 대학, 하는데 그게 무슨 소용이 있을까요? 당장 아빠만 봐도 그렇잖아요? 사람들이 누구나 알아주는 명문 대학을 나왔지만 지금의 아빠 모습은 그다지 자랑스럽지 않아요.

아빠는 꿈을 이루기 위해서 고생을 하는지 모르지만 그 때문에 가족들이 얼마나 힘든가요? 엄마가 이렇게 직장을 그만두니 당장 생활해야 할 일을 걱정하게끔 된 현실을 봐도 알 수 있잖아요?

승곤이는 이런 상황에서도 좋은 대학만 고집하는 아빠의 마음을 이해하기가 어려웠어요.

엄마가 목소리를 가라앉히며 말했어요.

"시골에서 산다고 무조건 뒤떨어진다는 생각은 옳지 않아요. 다람쥐 쳇바퀴 돌 듯 학교에서 학원으로 다니면서 공부에만 시달리는 것, 나는 솔직히 못마땅해요. 오히려 자연 속에서 여유를 가지고 생활하는 게 더 큰 공부라고 생각해요."

"아주 어릴 때라면 그 방법도 좋지. 하지만 승곤이 입장에서는 오히려 역효과야. 이렇게 갑자기 시골로 전학 갔다가 공부는 뒤처지고 아이들과 잘 어울리지도 못하면 어쩌려고 그래. 시골에서 도시 아이들을 그렇게 순순히 받아줄 것 같아?"

"처음에는 좀 힘들지 몰라도 그 고비만 넘기면 괜찮아질 기예요. 그리고 지금 우리는 시골 생활을 하느냐, 마느냐 선택할 입장이 아니에요. 당장 내일부터 어떻게 생활할 거예요? 저축한 돈과 퇴직금을 헐기 시작하면 걷잡을 수 없다고요. 일단 내려가는 수밖에 없어요. 당신 공부는 시골에서 해도 되잖아요?"

엄마의 설득에 아빠의 마음도 흔들리는 눈치였어요.

하지만 그 모습을 보고 있노라니 승곤이는 두려워지기 시작했어요. 정들었던 학교, 친구들과 헤어져 낯선 시골로 이사 가서 살아야 한다는 생각을 하니 갑자기 마음이 무거워졌던 거예요.

물론 방학만 되면 외갓집에 가서 며칠씩 지내다 오기는 했지만 그렇게 가끔 놀러가는 것과 그곳에서 자리 잡고 살아야 한다는 것은 완전히 다른 거잖아요?

그 날 저녁 승곤이는 거실에서 콩나물을 다듬고 있는 엄마에게 다가가서 조심스럽게 말을 꺼냈어요.

"엄마, 정말 이사 갈 거예요?"

"그래."

"저도 이사 가기 싫은데, 안 가면 안 돼요?"

"뭐라고?"

엄마는 일손을 멈추고 승곤이를 보았어요.

"솔직히 말해서 저도 이사 안 갔으면 좋겠어요."

"아니, 너까지 왜 그래? 여태까지 엄마, 아빠가 한 이야기 못 들었어?"

"그래도 그런 시골로 가기 싫어요."

"너, 방학 때마다 외갓집에 가는 건 그렇게 좋아했잖아."

"그건 놀러가는 거잖아요. 그곳에서 살기는 싫단 말이에요."

"왜 너까지 이러니? 그러잖아도 머리가 복잡해 죽겠는데……."

엄마가 짜증스럽다는 표정을 지었어요.

"쓸데없는 이야기 하지 말고 네 할 일이나 해. 이건 엄마, 아빠가 해결할 문제니까."

그러더니 엄마는 입을 꼭 다물었어요. 분위기가 너무 싸늘해서 승곤이는 더 이상 엄마에게 말을 걸 수가 없었어요.

그 후 며칠 동안 집안에는 싸늘한 기운이 감돌았어요. 아빠는 계속 못 가겠다고 고집을 부렸고, 엄마는 엄마대로 그런 아빠한테 화를 내기도 하고 조용히 설득하기도 했지요.

차츰 아빠는 엄마의 말에 귀를 기울이기 시작했어요. 그럴 수밖에 없는 것이, 엄마 말대로 시골로 가는 것 이외에는 승곤이 가족이 살아갈 방법이 없기 때문이에요.

2 서울이 그리워요

밝은 햇살이 창문으로 쏟아져 들어오는 아침입니다.

승곤이는 눈을 떴지만 처음에는 정신을 차리지 못하고 눈만 끔벅거렸어요. 그러다가 겨우 자리에서 일어나 사방을 휘휘 둘러보았지요.

'여기가 어디지?'

모든 풍경이 낯설었어요. 창문의 크기와 위치도, 방문도, 벽지 색깔도, 가구도…….

'아, 그래. 여긴 서울이 아니지.'

승곤이는 자신의 머리를 주먹으로 '콩' 하고 때렸어요. 이사를 한 첫날인 어젯밤, 늦도록 잠을 이루지 못하고 잠자리에서 뒤척였어요.

승곤이는 창문 쪽으로 달려가서 바깥을 내다보았어요. 넓은 마당과 낡은 지붕을 올린 집이 한눈에 들어오면서 그제야 시골로 이사 왔다는 실감이 났어요.

갑자기 집을 얻기가 어려웠기 때문에 승곤이 가족은 당분간 외할아버지 집에서 지내게 되었어요.

외할아버지는 대대로 이곳에서 살았기 때문에 이 마을의 터줏대감이래요. 엄마 역시 이곳에서 자라서 아는 사람도 많았고요. 엄마가 시골에 내려가 살기로 결정한 것은 그런 환경이 좋다고 생각하셨기 때문일 거예요.

하지만 승곤이는 마음이 울적했어요. 갑자기 달라진 환경에 적응하기란 쉬운 일이 아니잖아요? 이사 한 지 며칠이 지나도록 그런 울적한 마음은 가시지 않았어요.

그건 아빠도 마찬가지였나 봐요. 아빠는 서울에서 태어나 서울에서 자랐는데 마흔 살이 넘어서 갑자기 시골 생활을 하는 게 쉬울 리가 있겠어요?

가끔 아빠가 먼 산을 바라보면서 생각에 잠겨 있는 모습을 볼 수 있었어요. 외할머니와 외할아버지가 집에 없으면 담배를 피우는 일도 많아요. 그럴 때마다 아빠가 불쌍하기도 하고 답답해 보이기도 했어요.

이사 온 지 며칠 동안 집 안에만 틀어박혀 있던 승곤이는 어느 날 큰마음을 먹고 바깥으로 나갔어요. 집 안에만 있으니 마음이 더 우울해지는 것 같아서 바깥바람이라도 쐬면서 기분을 풀기 위해서였지요.

서울에 있을 때는 집 밖으로 나가기만 하면 놀 곳도 많고 갈 곳도 많았는데 시골은 아무리 찾아봐도 특별히 시간을 보낼 만한 장소가 나타나지 않았어요.

마을을 벗어나니 저 멀리 푸르게 펼쳐진 논이 들어왔어요. 예전 같으면 멋지다고 생각하며 그 풍경을 감상했을 테지만 지금은 그럴 마음이 들지 않았어요.

더운 바람이 승곤이 얼굴에 훅훅 달라붙었어요. 바람에 섞인 구린내에 승곤이의 얼굴은 저절로 찌푸려졌어요. 근처에 있는 밭에 거름을 뿌렸나 봐요.

"어휴, 똥 냄새!"

승곤이는 혼자서 투덜거리며 논길을 걸었어요.

그때였어요. 몇 명의 아이들이 무리를 지어 반대편에서 걸어오다가 승곤이와 마주치게 되었어요. 외가에 올 때마다 어울려 놀던 아이들이라 낯이 익었어요.

"야, 너 서울에서 완전히 내려왔다면서?"

용민이가 뭔가 들은 게 있다는 듯 말을 걸었어요.

"응, 그래."

승곤이는 탐탁하지 않은 얼굴로 고개를 끄덕였어요.

"왜 이사 온 겨? 서울이 더 좋지 아녀?"

호식이도 호기심이 어린 얼굴로 묻는 거예요.

"나도 몰라. 그렇게 됐어."

승곤이는 퉁명스럽게 대꾸했어요.

"아따! 서울뜨기가 시골뜨기 되겠네."

아이들은 뭐가 재미있는지 자기들끼리 얼굴을 마주 보며 웃어 댔어요.

'뭐야, 사람 놀리는 거야?'

승곤이는 얼굴을 찡그리며 아이들을 지나쳐 걸어갔어요.

"야! 승곤아! 너 우리 학교에 다니겠구먼. 잘 지내보더랑께."

아이들이 소리쳤지만 승곤이는 돌아보지도 않고 앞을 향해 걷기만 했어요.

'촌뜨기 자식들…….'

승곤이는 한참을 걸었지만 마음이 풀리지 않았어요. 뭔가 잘못되었다는 느낌이 들었어요.

'엄마는 참! 이런 시골이 뭐가 좋다고.'

처음에는 엄마를 원망했어요. 하지만 그 원망은 금방 아빠에게로 옮겨갔어요.

'이게 다 아빠 때문이야. 아빠가 회사만 잘 다녔어도…….'

엄마는 벌써 승곤이가 다닐 학교에 승곤이를 전학시켰어요.

이곳에 있는 학교는 아이들이 적어서 한 학년에 기껏해야 한 두 반만 있다고 했어요. 예전에 아이들로부터 그런 이야기를 들었을 때에는 별세계 같아서 신기하기만 했는데 이제 자신이 막상 그런 학교에 다닌다고 생각하니 마음이 갑갑했어요.

시골에 이사 온 지 얼마 되지도 않았는데 벌써 서울이 그리워졌어요. 친구들, PC방, 학원, 피자 가게, 학교, 패스트푸드점…….

모든 편의 시설이 읍내에나 가야 나온다고 하니 얼마나 답답한

가요?

　언제까지 이런 시골에서 살아야 할까요? 설마 어른이 될 때까지, 아니 어른이 되어서도 계속 이 곳에서 살아야 하는 건 아니겠지요?

　사방에서 풀벌레 우는 소리가 들려왔어요. 승곤이의 마음을 아는지 모르는지 시끄럽게 울어대고 있었어요.

3 아빠는 게으름뱅이

"임 서방은 왜 이리도 아침잠이 많은겨? 시방 해가 저렇게 높이 떴는데 아직도 깨지를 않은 겨?"

엄마가 아침상을 들여왔을 때 외할아버지가 못마땅한 얼굴로 말했어요.

"간밤에 늦게까지 공부하느라 조금 늦게 일어났어요. 좀 전에 깨웠으니까 곧 들어올 거예요."

엄마가 아빠를 편들어 감싸 주었지만 외할아버지는 여전히 못마땅한 표정이었어요.

"젊은 사람이 저리 게을러서 워쩐댜? 사람이 일찍 자고 일찍 일어나야제, 밤늦게꺼정 잠도 안 자고 전기를 털컥털컥 써 가믄서 아침에는 또 늦게 일어나고…… 악순환이구먼, 악순환이여. 저렇게 버릇이 들면 몸에 월매나 안 좋은디. 아까운 하루를 아주 그냥 버리는구먼, 버려."

"아무래도 오랫동안 몸에 밴 습관이라 하루아침에 바꾸기는 힘들 거예요. 아버지가 이해하세요."

"아따! 난 정말 임 서방이 이해가 안 간당께. 이왕 시골에 내려와서 살기로 결심했으면 뭐라도 다부지게 할 생각을 허야지, 공부한답시고 시간만 보내고 있어 부려서야 되겄냐? 농사에는 아무 관심도 없는 눈치랑께. 그저 세월아 네월아 하고 있어. 동네 사람들 보기가 정말 창피하당께. 나, 참! 환장하겄네."

외할아버지는 보름이 넘게 아빠를 지켜보면서 생활 태도에 많은 실망을 한 것 같았어요.

그 때, 방문이 열렸어요. 아빠가 세수도 하지 않은 부스스한 얼굴로 들어섰어요.

"아버님, 어머님, 안녕히 주무셨어요? 제가 좀 늦었습니다."

"어서 앉아 부려. 임 서방, 배고프자?"

그래도 외할머니는 따뜻한 말을 건네는데, 외할아버지는 기다렸다는 듯 퉁명스럽게 쏘아붙였어요.

"앞으로는 쪼매 일찍 일어나부려. 시방 승곤이 보기에 부끄럽지도 않은 겨?"

"예? 예……."

아빠는 어리둥절한 얼굴로 외할아버지와 엄마를 번갈아 보았어요. 무슨 영문이지 모르겠다는 표정이었어요.

"시방 밥 먹는 자리에서, 더구나 승곤이가 있는 데서 이런 얘기하기는 껄그럽지만서도…… 이제 정신 좀 차리랑께."

"무슨 말씀이신지……."

아빠는 여전히 쭈뼛거리며 외할아버지의 눈치를 보았어요.

"자네, 서울에서도 요로코롬 지냈나? 우째 그리 패기도 없고 의욕도 없는지 보는 내가 다 답답해부려. 자네는 여기에 쉬러 온 게 아니랑께. 승곤 어멈 말로는 서울에서 살 방법이 없어서 내려왔다는데 이렇게 지내다가 나중에 우짜려고 그러는 겨?"

외할아버지의 호통에 아빠는 아무 말도 못하고 고개만 푹 숙이고 있었어요.

"그런 마음가짐으로는 아무것도 해낼 수가 없어 부려. 자네가 공부는 기똥차게 하는지 모르겠지만 생활하는 걸 보아 하니 탐탁지 않구먼. 그런 식으로 지내다 보면 결국 해 놓은 일도 없이 나이만 먹는 겨. 뭐 한 가지라도 똑부러지게 허야 나도 마음을 놓겠는데 이것도 아니고 저것도 아니니…… 쯧쯧, 시방 우짜면 좋겠는가?"

외할아버지는 한심한 듯 아빠를 쳐다보았어요.

"죄송합니다."

"나한테 죄송할 건 없구먼. 내가 이런 이야기를 하는 건 자네나 승곤 어멈도 걱정스럽지만 승곤이가 가장 걱정이 되어서 그러는 겨. 저 어린 승곤이를 어떻게 책임지려고 답답하게 세월을 보내느냐 말이여."

외할아버지는 그동안 아빠한테 불만이 많았었나 봐요. 아빠의 얼굴이 붉어지는 것도 아랑곳하지 않고 거침없이 야단을 치는 거예요. 듣고 있는 승곤이가 더 민망할 정도였어요.

'할아버지, 이제 그만 좀 하시지……'

승곤이는 할아버지가 원망스러워질 정도였어요. 아빠는 거의 울 것 같은 표정을 짓고 있었거든요.

"그만해요, 영감. 아, 임 서방도 그 정도 얘기했으면 말귀를 알아들었겠지요."

보다 못한 외할머니가 말리자 그제야 외할아버지는 헛기침을 하며 식사를 하기 시작했어요.

하지만 승곤이는 밥맛이 싹 사라졌어요. 엄마 아빠도 어두운 얼굴로 밥을 먹고 있었어요.

사실 외할아버지의 말이 틀린 것은 아니었어요. 승곤이가 보기에도 아빠의 생활은 굉장히 불규칙적이었으니까요. 워낙 외할아버지가 규칙적으로 생활하기 때문에 아빠의 행동이 더 두드러지게 불규칙적으로 보이는지도 모르지만요.

아빠는 서울에서 살 때도 늦게 자고 늦게 일어나는 편이었어요. 밤늦게까지 공부를 하거나 컴퓨터를 하느라 아침에는 늦게 일어나게 되는 거예요. 그런 행동이 시골로 내려왔다고 해서 갑자기 달라질 리가 있겠어요?

그렇지만 승곤이는 외할아버지에게 섭섭한 마음이 들었어요. 전에는 외할아버지가 아빠를 굉장히 자랑스럽게 생각했었거든요.

외할아버지는 언제나 '임 서방, 임 서방' 하면서 아빠를 마치 친아들처럼 대했어요. 명절 때나 집안 행사 때 만나면 늘 아빠를 먼저 챙겼고, 동네 사람들에게도 '우리 사위'라고 하면서 입에 침이 마르도록 칭찬했어요.

그런데 이제 아빠가 일자리도 잃고 능력이 없어져서 시골로 내려오니까 대하는 태도가 달라진 거예요. 그래서인지 아빠는 시골로 내려온 뒤로 더 기운이 없어지고 주눅이 든 것 같아요. 방에서 꼼짝도 하지 않고 앉아 있기 일쑤였고 밖에는 거의 나오지 않았어요. 가끔 아빠 방에 들어가 보면 심각한 얼굴로 담배만 피우고 있는 일이 많았어요. 그럴 때에는 승곤이도 아빠에게 말을 걸기가 어려울 정도였어요.

엄마는 아빠가 지금 슬럼프에 빠져 있다고 말했어요.

어쨌든 아빠는 시골 생활이 맞지 않는 게 분명해요. 서울에서 살 때에는 이 정도는 아니었는데 이제 정말 백수라는 티가 팍팍 난다니까요.

외할아버지가 언젠가 한숨을 쉬며 "임 서방은 고시병에 걸렸당께" 하고 말한 적이 있어요. 고시에만 매달리다 보니 눈앞에 놓인 현실을 보는 감각이 사라졌다는 뜻인 것 같아요.

그런 말을 듣고 나니 승곤이는 정말 아빠가 걱정이 되었어요. 아빠가 전보다 더 무기력해지고 의욕을 잃어버리면 나중에 엄마와 승곤이는 어떻게 될까 생각하면 정말 기운이 하나도 없어져요.

그래도 엄마는 외할머니와 외할아버지를 따라 논과 밭으로 나가서 열심히 농사일을 돕는답니다. 그래서인지 엄마의 손은 요즘 눈에 띄게 거칠어지고 손마디도 굵어졌어요. 햇볕 아래에서 일을 많이 해서인지 얼굴도 많이 까매진 것 같아요.

그런 모습을 보면 승곤이는 정말 속이 상해요. 서울에 살 때 엄마는 정말 세련되고 멋졌거든요. 하지만 요즘은 화장도 하지 않는데다 논밭에서 일하다 보니 고생을 많이 한 시골 아주머니처럼 보였어요. 아빠가 도와주면 좀 나을 텐데 아빠는 농사에 도통 관심이 없으니 외할아버지가 보기에 답답하고 화가 나기도 할 거예요.

그날 낮이었어요. 바깥이 갑자기 시끄러워져서 안방에 있던 승곤이는 방문을 빠끔히 열어 보았어요. 못 보던 할아버지가 평상에 앉아서 외할아버지와 이야기를 나누는 모습이 보였어요.

"근디 시방 왜 이렇게 조용혀? 아무도 없나?"

할아버지가 사방을 힐끗거리며 살펴보는 걸 보니 뭔가를 알아내고 싶어 하는 것 같았어요.

"응, 다들 나가고 우리 외손자만 있자. 승곤아, 어여 나와 보드

랑께!"

외할아버지가 안방을 향해 소리치니 승곤이는 더 이상 방에 있을 수가 없었어요.

"부르셨어요?"

승곤이가 방에서 나오자 외할아버지는 이렇게 말했어요.

"어서 인사 올려라. 이 할애비 친구여."

"안녕하세요?"

승곤이가 꾸뻑 인사하자 외할아버지 친구 분은 승곤이를 훑어보며 고개를 끄덕였어요. 외할아버지가 승곤이를 향해 눈짓을 했어요. 이제 되었으니 방으로 들어가도 좋다는 뜻이었어요. 승곤이는 방으로 들어갔지만 자꾸 신경이 쓰였어요. 어쩐지 외할아버지 친구 분은 안 좋은 느낌이 들었거든요. 아니나 다를까, 외할아버지 친구 분이 기어이 아빠에 대해 한마디를 하지 뭐예요.

"자네 사위는 완전히 내려온 겨? 아니면 잠시 내려와 있는 겨?"

외할아버지는 잠시 아무 말도 하지 못했어요. 어떻게 말을 해야 할지 모르겠나 봐요.

"완전히 내려와 실 모양이구먼. 아니, 서울서 꽤 좋은 직장에 다녔던 모양인디 우째 갑자기 요 시골구석에 내려 올 결심한 겨? 무슨 일이라도 있었던 거 아녀?"

　호기심이 잔뜩 담긴 말투였어요. 할아버지 친구 분이 아빠가 여기 시골로 내려 온 사연에 대해 은근히 흥미를 느끼는 것 같아 승곤이는 기분이 나빠졌어요. 외할아버지가 대충 얼버무리는 듯했지만 정확한 말소리는 들리지 않아서 알 수가 없었어요. 승곤이는 그 다음 이야기를 듣고 싶지 않아서 두 손으로 양쪽 귀를 꼭 막아 버렸어요.

　아빠가 왜 기를 펴지 못하고 지내는지, 왜 사람들 만나기를 꺼리는지 짐작이 갔어요.

4 외할아버지의 제안

외할아버지로부터 한 차례 야단을 맞은 뒤에 아빠의 행동이 조금 달라지기는 했어요. 아침에도 일찍 일어나려고 애쓰고, 밥을 먹기 전에 집 근처를 한 바퀴 돌면서 운동이라도 하는 시늉을 했어요. 낮에는 논밭에 나가 농사일을 돕기도 하고요.

그렇다고 해서 아빠의 마음가짐이 완전히 달라진 것 같지는 않아요. 아빠의 행동이나 얼굴을 보면 그 마음을 알 수 있거든요. 외할아버지의 꾸중이 무서워서, 승곤이를 볼 낯이 없어서, 집안 식구들의 눈치를 견디지 못해 억지로 하는 행동임을 승곤이도 느낄 수 있었어요.

아빠는 일을 할 때 조금도 즐겁지 않은 얼굴이었고, 집에만 들어오면 피곤해서 잔뜩 지쳐 있었어요. 여기가 아프다, 저기가 쑤시다 하면서 투정을 부리기도 했어요.

"어유, 귀양살이가 따로 없군."

언젠가 아빠가 이렇게 푸념하는 소리도 들었어요.

그에 비해 엄마는 아무리 몸이 지쳐 있어도 얼굴에는 생기가 돌았어요. 그것이 승곤이에게는 무척 이상하게 느껴졌어요.

한번은 엄마를 따라 밭으로 갔다가 엄마에게 물어보았어요.

"엄마, 농사짓는 것 힘들지 않아요?"

"이 세상에 힘들지 않은 일이 어디 있니? 더구나 농사라는 게 얼마나 힘든 건데…… 땅은 참 정직하단다. 사람들이 노력한 대가는 반드시 돌려주기 때문에 일에 잠시도 소홀할 수가 없어."

"그런데 그렇게 힘들다면서 엄마 얼굴이 전보다 더 밝아 보이는 건 어떻게 된 거죠?"

그러자 엄마는 이마에 흐르는 땀을 닦으며 대답했어요.

"엄마는 솔직히 서울에 살 때보다 지금이 더 행복해."

"예에? 정말이요? 아니, 왜요?"

승곤이는 엄마의 말이 도저히 믿어지지 않았어요. 없는 게 없이 발전한 서울이 좋지, 어떻게 이런 시골에서 사는 게 행복하다는 걸까요?

"사람들은 서울, 서울 하지만 엄마는 사실 서울에서 사는 게 힘들었어. 마음의 여유라고는 도저히 찾을 수 없고, '발전'이라는 명목을 내세워서 복잡하기만 한 곳이라서 말이야."

"그렇지만……."

"서울에서 살 때 여유를 갖고 하늘을 올려다본 일이 몇 번이나 있었을까? 하지만 이곳은 달라. 엄마가 고등학생 때까지 살았던 고향이어서 친근감이 있는데다가 자연의 아름다움과 혜택을 그대로 느낄 수 있는 곳이거든. 몸은 힘들어도 마음은 편해. 무엇보다도 각박하게 살지 않아도 되는 게 가장 마음에 들어."

그래도 승곤이는 엄마의 말을 이해할 수가 없었어요.

"승곤이 너는 이곳에서 사는 게 아직 익숙하지 않아서 모를 거야. 하지만 좀 더 지내다 보면 시골이 얼마나 좋은 곳인지, 전원생활이 얼마나 마음을 풍요롭게 하는지 깨닫게 될 거야."

그러더니 엄마는 밭에 나 있는 잡초들을 뽑기 시작했어요.

그로부터 며칠이 지난 어느 날 아침이었어요.

마당에서 승곤이는 외할아버지와 함께 운동을 하고 있었어요. 그 때 아빠가 외할아버지에게 인사를 하며 방에서 나왔지요.

"임 서방, 어여 이리 와 보게."

외할아버지가 부드러운 목소리로 아빠를 불렀어요.

아빠가 외할아버지에게 다가갔어요.

"며칠 전에 내가 한 말 때문에 마음 상한 거 아녀?"

"아닙니다. 다 옳은 말씀이었는 걸요."

"내가 자네한테 걸었던 기대가 월매나 컸는디, 요즘의 자네를 보니 화가 나서 그런 겨. 그려도 자네의 저력은 믿고 있응께."

외할아버지는 아빠의 손을 이끌더니 마당에 있는 평상에 앉게 했어요. 그리고 외할아버지도 아빠 옆에 앉았어요.

"자네, 실학 정신에 대해서 아는 겨?"

"예?"

아빠는 외할아버지의 갑작스런 질문에 조금 당황하는 눈치였어요.

"자네는 공부도 많이 했응께 실학이 뭔지 알고 있으리라고 나는 생각하네."

"실학이라고 하면 임진왜란과 병자호란이 일어난 뒤에 기존의 학문이었던 성리학을 비판하면서 새롭게 등장한 학문 아닙니까? 현실적인 모순을 극복하고 실제적인 일에서 진리를 구하자고 주장했던 학문 말입니다."

"그려. 나는 자네가 지금부터라도 실학 정신을 깨닫고 실천하기를 바라고 있당께. 그 정신을 잊지 않는다면 지금 닥친 어려움은 어느 정도 극복할 수 있을 꺼."

아빠는 얼떨떨한 표정으로 외할아버지를 바라보고 있었어요. 실학 정신? 그게 뭐기에 아빠를 저렇게 당황하게 만드는 걸까요? 승곤이는 호기심이 생겼어요. 그래서 얼른 외할아버지를 따라가며 물었어요.

"할아버지, 실학이 뭐예요?"

"웅? 갑자기 그게 무슨 소리여?"

"방금 아빠한테 그러셨잖아요. 실학 정신을 잊지 말라고요. 저도 그것에 대해 알고 싶어요."

"오, 그랴? 그런디 그 이야기를 다 하려면 시간이 많이 걸려 부려. 시방 우선 아침을 먹어야 하지 않겠냐? 다음에 설명해 줄텡께 기다리."

그러면서 외할아버지는 대견한 듯 승곤이를 보았어요.

실학이 뭐길래 아빠에게 실학 정신을 잊지 말라고 했을까요?

실학의 뜻

넓은 의미로 실학은 '인간이 실제로 생활하는 일에서 옳음을 구한다 즉, 실사구시(實事求是)라는 뜻이에요. 실학을 공부하는 사람들은 도가와 불가를 헛된 학문인 '허학(虛學)'이라고 비판했어요. 왜냐하면 깨달음의 세계로 달려가는 데에만 급급하여 현실을 무시한다고 보았기 때문이죠. 반면에 자신들이 공부하는 실학은 실제적인 학문이라고 옹호했어요. 좁은 의미로 실학은 18세기 이후 급격히 변한 사회에 적극적으로 대응하여 현실을 바꾸고 미래를 열어 나가려 했던 사상을 말해요.

성리학과 실학

공자와 맹자를 대표로하는 정통 유학은 현실에 관심을 가졌을 뿐 우주와 세계의 궁극적인 문제에는 관심을 기울이지 않았어요. 그러나 이것은 한대와 위진남북조, 수, 당을 거치면서 유학이 약화되고 도가와 불

가의 인기가 높아진 이유도 되었답니다. 도가와 불가는 우주론과 인간
이 죽은 뒤 가는 세계를 궁금해 하는 일반인들의 마음을 사로잡을 수 있
었기 때문이에요.

성리학자들은 정통 유학에 이러한 우주론과 사후 세계 등을 도입하여
유학의 이론을 풍부하게 하였어요. 그러나 이론이 풍부하게 된 만큼 현
실을 무시하는 측면이 없지 않았어요.

성리학은 조선을 세우는 정신적 지주가 되었어요. 그러나 임진왜란,
병자호란 등의 전쟁을 거치면서 조선은 점점 변화하기 시작했어요. 전
쟁 때문에 조선 후기 사회가 변했는데도 성리학은 그 현상을 무시하고
너무 이론적인 데 치우치는 문제점이 있었어요. 이를 반성하는 작업으
로 몇몇 학자들은 성리학을 비판하고 현실에서 겪는 일에서 옳음을 구
하고자 했어요. 그 목표 아래 현실을 분석하여 그 문제점을 드러내고 나
름대로 해결책을 만들어 나갔어요.

실학의 발생 배경

조선 후기 사회는 임진왜란과 병자호란이라는 두 번의 큰 전쟁을 치

렀어요. 그로 인해 농촌의 땅은 농사를 지을 수 없을 정도로 황폐해졌어요.

임진왜란과 병자호란을 극복한 이후에는 경제가 발달하고, 상인들이 돈을 많이 모으고, 신분체제가 변하는 등 여러 변화가 일어났어요. 성리학자들로 주축이 된 지배층은 이러한 변화에 대처할 효과적인 방법을 제시하지 못했어요. 그리고 이론에만 집착하고 중국의 예속(禮俗)을 강제하는 등 현실에 부응하지 못했죠.

이때 왕을 도와 직접 나라를 다스리지 않는 학자들은 성리학을 비판하고 현실의 문제점을 알아내 해결하기 위해 노력했어요. 그 학자들은 사회의 문제점을 해결하기 위해서 성리학만 고집할 것이 아니라고 했어요. 문제를 해결하는 데 도움을 줄 수 있다면 서양의 학문도 적극적으로 받아들여야 한다고 주장했어요.

실학의 종류와 발전

실학은 제1기(18세기 전반) 경세치용학파, 제2기(18세기 후반) 이용후생학파, 제3기(19세기 전반) 실사구시학파로 나뉘어요.

　제1기 경세치용학파는 이익(李瀷)을 주류로 하여 토지제도 및 행정 기구와 기타 제도를 바꾸는 데 노력한 학파에요. 특히 이익은 실학을 학파로 성립시켰어요. 그리고 이익은 청나라를 통해서 들어온 서구의 자연과학 및 가톨릭 사상을 비판적으로 받아들였어요. 게다가 천문·지리·역사·제도·풍속·군사에 이르기까지 광범위한 문제를 다룬 《성호사설(星湖僿說)》을 써서 자신의 개혁론을 펼쳤어요.

　제2기 이용후생학파는 상공업을 통해 발생하는 물건을 사람들에게 전달하거나 더 좋은 물건을 만드는 기술을 기르는 데에 힘써야 한다고 주장한 학파에요. 이용후생학파는 박지원을 중심으로 하여 청나라의 앞선 기술과 문물을 직접 눈으로 보고, 이를 적극적으로 받아들이자는 북학을 주창했어요. 그래서 '북학파(北學派)'라고도 불렀어요.

　제3기 실사구시학파는 경전의 내용을 밝히는 학파로서 이 책의 주인공인 김정희(金正喜)에 이르러 독자적인 체계를 이루었어요.

　이러한 실학사상은 19세기 초반 정약용(丁若鏞)에 의해서 체계가 이루어졌어요. 정약용은 유형원·이익의 학풍을 이어 받았어요. 그리고 북학파 인물들과 직·간접적으로 교유하면서 북학을 받아들였어요. 이와 아울러 청나라의 고증학의 방법론을 비판적으로 수용하여 육경사서(六經四書)의 연구에 활용하기도 했어요.

육경사서(六經四書)는 육경과 사서를 합친 말이에요. 육경은 《시경(詩經)》, 《서경(書經)》, 《예기(禮記)》, 《악기(樂記)》, 《역경(易經)》, 《춘추(春秋)》의 여섯 가지 서적을 일컬어요. 이 서적들에는 인간이라면 꼭 따라야 할 도리가 들어 있답니다. 그리고 사서는 《대학(大學)》, 《논어(論語)》, 《맹자(孟子)》, 《중용(中庸)》의 네 가지 서적을 말해요.

쇠퇴한 원인

조선 후기의 실학은 19세기에 접어들면서 그 힘이 크게 약해졌어요. 이익의 제자들이 가톨릭을 믿다가 몇 차례에 걸쳐 고통과 탄압을 당했죠. 그리고 박지원 계열의 학파도 문장론(文章論)의 문제로 탄압을 받게 됨으로써, 제3기에 접어들어 성격이 크게 변했어요. 즉, 경세치용과 이용후생의 주장이 약해지고 대신 쇠그릇이나 비석에 새겨진 글자와 옛책을 정확하게 확인하고 증거를 밝혀 경사(經史)의 진의를 밝히는 실사구시론이 등장했던 것이죠.

실사구시학파의 큰 특징은 학문 그 자체를 목적으로 한다는 것이지요. 엄격하게 객관적인 태도를 가지고 사실을 밝혀내요. 이전 실학자들은 자기가 가진 생각이나 견해에 따라 경전을 주관적으로 해석했어요. 학문하는 방법에서는 근대적, 과학적인 연구 태도를 지녔으며 뚜렷한 연구 성격을 드러냈답니다.

그러나 실사구시학파가 경학을 전체적으로 연구한 것이 아니라 한 부분에만 머물러 있어 체계화되지 못했어요. 오히려 백과사전식으로 많은 지식을 잡다하게 나열하고 지루한 설명으로 되어 있어요. 따라서 실학의 사상성이나 사회 개혁의 의지가 이전에 비해 쇠퇴했던 것이죠.

실학의 영향

대부분 실학자들은 정권에서 큰 목소리를 가졌던 학자들이 아니었어요. 그래서 정치·사회·경제적 문제들에 대해 실학자들이 제시한 여러 해결책들은 바로 정책으로 연결되지 못했어요. 즉, 실학자들은 해결책을 제시했지만 그것이 현실을 바꾸는 데 직접적인 역할을 하지 못했어요. 하지만 실학자들은 조선 후기 사회의 문제점을 발견하고 드러냄으로써 많은 사람이 개혁의 필요성을 느낄 수 있도록 만들었어요.

 또한 실학사상은 조선의 역사와 문화가 가지고 있는 특수성과 고유한 가치를 발견하는 데 큰 도움을 줬어요. 그리고 조선의 전통과 현실에 관한 연구를 더 많이 할 수 있도록 했어요. 이러한 발견과 인식은 분명 일반 백성들에게 민족적 자각을 갖도록 해 주었다고 할 수 있어요.

2

추사고택으로!

 으르렁거리는 사자는 코끼리를 잡을 때도 전력을 다하며
토끼를 잡을 때도 전력을 다하는 법이다.

— 추사 김정희

1 추사고택에서 김정희를 만나다

다음 날이었어요. 외할아버지가 점심을 먹으면서 아빠에게 뜬금없이 이런 말을 했어요.

"오늘 날씨도 참말로 좋구먼. 임 서방 자네, 나하고 바람 쐬러 가지 않을 텨?"

"예? 어디로요?"

"가 보면 안당께."

"아버님하고 단 둘이요?"

"뭔 소리여! 승곤이도 데려가야지."

열심히 계란찜을 먹던 승곤이가 숟가락질을 멈추고 외할아버지를 보았어요.

"할아버지, 저도 가요?"

"왜, 싫으냐?"

"날도 더워서 나가기 귀찮은데……."

승곤이는 내키지 않은 듯 말꼬리를 흐렸어요.

"너 어제 실학이 뭐시냐고 할애비한테 물었자녀? 오늘 바람 쐬러 가면 실학이 뭔지 어느 정도 알게 될 거여. 어여 점심 먹고 갈 준비를 해 부리자."

승곤이가 어디를 가는 거냐고 몇 번을 물었지만 외할아버지는 가 보면 안다는 대답만 했어요.

"여기서 별로 안 멀어. 긍께 반나절 정도만 시간을 내면 돼야. 아마 보람 있는 체험이 될 거여."

운전은 외할아버지가 직접하고, 아빠와 승곤이는 뒷좌석에 앉아서 가게 되었어요. 외할아버지는 환갑이 넘었지만 운전면허증도 있고 여전히 운전도 하거든요.

외할아버지가 운전을 하고 가는 동안 아빠와 승곤이는 아무 말이 없었어요. 김밥을 싸 들고 가는 소풍은 아니라도 마음이 설레며 기대가 되어야 하는데 솔직히 말하면 별 느낌이 없었어요. 갑자기 가게 된 여행인데다 여행지에 대한 정보가 없었기 때문이에요. 가장 큰 이유는 요즘 생활이 불만스럽기 때문일 거예요.

할아버지 동네를 빠져나와 끝없이 펼쳐져 있는 국도를 달렸어요. 아빠는 가끔 표지판을 흘끗거리며 어디로 가고 있는지 확인하는 눈치였어요.

약 두 시간 정도 달렸을 때, 차를 몰고 가던 외할아버지가 시동을 껐어요.

"자, 다 왔다. 여기여."

외할아버지 말에 아빠와 승곤이는 그제야 정신을 차리고 차에서 내렸어요. 눈앞에는 텔레비전 사극에서나 보았던 한옥이 한 채 서 있었어요.

"여기가 어딥니까?"

아빠도 궁금한 얼굴로 외할아버지에게 물어보았어요.

"추사고택이여."

"추사고택이라면…… 혹시 추사 김정희의……?"

"맞네. 여그가 추사 김정희의 생가여."

외할아버지와 아빠의 대화를 들으면서도 승곤이는 무슨 말인지 알 수 없었어요.

외할아버지가 승곤이의 생각을 눈치챘는지 이렇게 말했어요.

"승곤아, 이 집이 어딘지 궁금허냐? 이곳은 충청남도 예산군 신암면 용궁리에 위치한 추사고택이여. 바로 추사 김정희가 태어나서 자란 집이지."

"추사 김정희라구요? 아, 알아요. 조선시대의 서예가잖아요. 추사체라는 글씨체를 만들어 낸 분 말이에요."

"오호, 우리 승곤이가 참말로 똑똑하구먼. 그래, 맞다. 김정희는 서예가로도 유명하지만 실학자로도 유명한 분이여. 게다가 그림도 아주 잘 그렸고. 이제 추사고택에 왔으니 김정희가 어떤 업적을 남겼는지 자세히 알아보장께."

이때 아빠가 조심스럽게 질문했어요.

"아버님, 그런데 왜 갑자기 여기에 저희들을 데려오신 겁니까?"

"어제 내가 했던 말, 기억나나? 실학 정신을 잊지 말라고 했던 것 말이여. 그 이야기를 하고 보니 '백문(百聞)이 불여일견(不如一見)'이라고 김정희의 생가를 직접 찾아보는 게 더 효과적인 교육이라는 생각이 들었구먼. 자네는 이곳에 와 본 적이 없는 모양이자?"

"예, 처음입니다."

"그랴, 잘 되었네. '김정희' 하면 실사구시를 주장했던 대표적인 실학자 아니여. 이곳에서 김정희의 자취를 살펴보면서 그분의 숨결을 느껴 보는 것도 자네나 승곤이한테 좋은 공부가 될 거여. 자, 시방 가 보장께."

외할아버지는 매표소에 입장료를 내고는 솟을대문을 향해 성큼성큼 걷기 시작했어요. 아빠가 그 뒤를 따랐고, 승곤이가 맨 마지막으로 아빠의 뒤를 따라 걸어갔어요.

"김정희는 어떤 분이었나요? 서예가 말고도 다른 분야로 업적을 남겼다고 하는데 어떤 업적이에요?"

승곤이가 외할아버지 뒤를 바짝 쫓아가며 물었어요.

"그보다는 이 추사고택에 대해서 간단하게 설명을 좀 해야겠구먼. 이 집은 조선시대 영조 임금이 김정희의 증조할아버지인 김한신에게 준 집이여."

"김한신이 무슨 큰 공을 세웠나요? 왜 이렇게 큰 집을 받은 거예요?"

"김한신은 영조 임금의 사위였당께. 영조 임금에게는 여러 명의 딸이 있었는데 그 중 화순옹주라는 딸이 김한신에게 시집을 가 부렸지."

"아, 그러니까 사위한테 내린 집이군요."

승곤이는 그제야 알겠다는 듯 고개를 끄덕이며 사방을 찬찬히 살펴보았어요.

"그란디 이 집의 지금 모습이 그 당시의 모습 그대로는 아니여. 1970년대에 반으로 줄여 지금의 모습으로 복원했응께."

"아니, 그러면 원래는 지금의 모습보다 두 배는 컸다는 뜻인가요?"

"그렇지."

"와, 대단하구나."

승곤이는 예전에 민속촌에 가 본 적이 있어요. 지금 추사고택을 둘러보니 그때 갔던 민속촌의 모습이 떠올랐어요.

솟을대문 앞에는 몇 개의 계단이 있었어요. 그 계단을 올라간 외할아버지는 대문 안으로 들어섰어요. 그리고 앞에 보이는 건물을 가리키며 말했어요.

"여기가 사랑채여."

"할아버지, 사랑채의 모습이 ㄱ자처럼 생겼어요."

"잘 보았구먼. 사랑채는 ㄱ자형 구조로 되어 있지. 남자들이 손님들을 맞이하는 곳이라 주변의 건물들을 두고 트인 구조를 갖고 있는 거여."

사랑채 뒤편으로는 안채가 자리 잡고 있었어요.

"사랑채는 ㄱ자형인디, 그에 비해 안채는 보다시피 ㅁ자 구조로 지어졌당께."

외할아버지 말에 의하면 ㅁ자형 구조는 둘레를 가로막고, 바깥에서 그 모습을 볼 수 없다고 하는군요.

서예가의 집이라 그럴까요? 안채와 사랑채 문기둥마다 글씨가 쓰인 것도 특이하게 느껴졌어요. 외할아버지는 그것을 '주련'이라고 설명해 주었어요. 주련 밑에는 사람들이 주련의 내용을 이해하기 쉽도록 글씨에 대한 풀이를 붙여 놓았어요.

주련 중에서 특히 승곤이의 눈길을 끄는 글귀가 있었어요. 안채 정면의 기둥에 쓰인 글인데 그 뜻을 해석하면 다음과 같아요.

대팽두부과강채(大烹豆腐瓜薑菜)

고회부처아녀손(高會夫妻兒女孫)

최고의 요리는 두부, 오이, 생강 나물이요

최고의 모임은 부부, 자녀, 손자, 손녀로다

승곤이가 그 주련을 뚫어지게 바라보고 있자 외할아버지가 승곤이에게 다가서며 물었어요.

"그게 무슨 이야기인 것 같냐?"

"글쎄요."

승곤이는 고개를 갸웃거리다가 이렇게 대답했어요.

"두부, 오이, 생강 나물이 가장 맛있고 부부, 자녀, 손자, 손녀가 모일 때 가장 즐겁다는 뜻 아닐까요?"

"오호, 비슷하게 맞았구먼."

외할아버지가 신통하다는 듯 승곤이를 보았어요.

"할아버지, 김정희는 채식주의자였나 봐요. 이 세상에 맛있는 게 얼마나 많은데 두부, 오이, 생강 나물을 가장 맛있다고 했으니 말이에요."

"흠, 그것은 김정희가 세상을 떠나기 얼마 전에 쓴 글씨여. 산해 진미가 아니어도 가족이 모두 모여 먹는 음식이 가장 소중하게 여겨진다는 뜻 아니겠냐? 결국 인생에서 가장 소중한 건 평범하고 소박한 것에 숨어 있다는 뜻이여. 이 할애비도 이렇게 나이를 먹고 보니 김정희의 글이 진심으로 이해가 되는구먼. 할아버지도 자식들과 손자, 손녀들이 함께 모이면 세상에 부러울 게 없으니 말이여."

하지만 승곤이는 외할아버지의 말을 깊이 공감하기는 어려웠어요. 아직 승곤이가 어려서일까요? 승곤이도 어른이 되고 외할아버지처럼 나이를 먹으면 김정희의 글을 진심으로 공감할 수 있을까요?

부드러운 곡선으로 이루어진 기와며 댓돌의 모습은 정겨운 느낌을 갖게 했어요. 오래된 나무 향도 풍겼어요. 나무 향을 맡고 있으니 차분해 지는 것 같았어요.

발에 밟히는 땅의 느낌, 이끼가 낀 모습도 예사롭지 않았어요. 무엇보다도 추사고택의 출입문을 경계로 해서 과거와 현재가 공존한다는 느낌이 들어서 더 신비롭게 느껴졌어요.

추사고택 안에는 승곤이 가족 말고도 다른 사람들의 모습이 드문드문 보였어요. 여름방학을 이용하여 답사를 온 모양이에요.

"할아버지, 이건 뭐예요?"

승곤이가 사랑채 앞에 세워진 돌기둥을 가리키며 물어보았어요. 돌기둥에는 한문 두 글자가 새겨져 있었어요.

"해시계란다. 거기에 새겨진 글씨를 읽을 수 있겠냐?"

"첫 번째 글자는 '돌 석' 자 같은데……."

승곤이는 고개를 갸웃거리며 돌기둥을 뚫어지게 바라보았어요.

"그 다음 번 글자는 '해 년' 자여."

외할아버지가 빙그레 웃으며 대답했어요.

"그러면 '석년'인가요?"

"그렇지. 요것이 해시계인디 기둥의 그림자로 시간을 측정했구먼. 이 해시계는 김정희가 직접 만들었디야."

사랑채와 안채 내부에는 김정희가 살아 있을 당시에 사용했을 듯한 보료며 책상, 책, 붓, 옛 가구 등이 있었어요. 또한 김정희가 쓰고 그린 듯한 글씨와 그림도 걸려 있었어요. 그 자리에 김정희만 앉아 있다면 바로 조선시대로 되돌아간 느낌이 들 거예요.

"아버님, 저 그림은 〈세한도〉 아닙니까?"

아빠가 사랑채 내부에 걸린 그림을 가리키며 물었어요.

"맞아 부려. 물론 저 작품이 진품은 아녀. 복사본이지."

외할아버지의 말로는 〈세한도〉가 국보 제180호로 지정될 정도로 중요한 그림이라 따로 소중하게 보관하고 있다고 했어요.

황량한 들판에 소나무들과 집 한 채가 그려진 세한도.

제주도에 유배 가 있는 동안에 완성한 그림이라니, 귀양살이의 외롭고 고단한 심정을 그렸던 것일까요? 〈세한도〉를 한참 보고 있자니 승곤이도 어쩐지 마음이 쓸쓸해지는 것을 느꼈어요.

승곤이와 아빠, 외할아버지는 잠시 사랑채 툇마루에 앉아서 쉬기로 했어요. 이름도 알 수 없는 새들이 노래하는 소리가 들려왔어요. 마당에 심어진 나무들은 푸른 잎들을 가득 단 채 그늘을 드리우고 서 있었어요. 저 나무들도 이 추사고택의 역사와 함께한 것들이겠지요?

"자, 이제 사당으로 가 보자."

잠시 휴식을 취한 외할아버지가 자리에서 일어났어요. 아빠는 사당으로 가는 동안 아무 말도 하지 않았어요. 마치 얌전한 아이처럼 외할아버지가 가는 대로 쫓아갈 뿐이었지요.

추사고택의 건물마다, 그리고 물건마다 세월의 흔적이 앉아 있겠지요? 비록 아무 말도 없고 조금도 움직일 수 없는 존재지만 백오십 년이 넘는 역사를 함께했던 것들이라고 생각하니 가만히 눈을 감고 있으면 그들이 하는 이야기가 들려올 것 같았어요.

"할아버지, 잠깐 눈 좀 감아 보세요."

외할아버지는 승곤이의 말에 멈칫했어요.

"왜?"

"누군가가 우리에게 말을 걸 것 같아서요. 맞아요, 김정희가 말을 건넬지도 몰라요."

"뭐라고 얘기할 것 같으냐?"

외할아버지가 호기심이 담긴 눈빛으로 골똘히 생각하고 있는 승곤이를 내려다보았어요.

"글쎄요, 음, '잘 왔다, 애들아' 이러지 않을까요?"

승곤이의 재치 있는 말에 외할아버지와 아빠는 웃음을 터트렸어요.

사당으로 가기 위해서는 돌층계로 올라가야 했어요. 사당에 있는 추사의 영정을 보니 승곤이는 저절로 마음이 숙연해졌어요.

'추사 김정희가 저렇게 생겼구나.'

승곤이는 김정희의 영정을 뚫어져라 바라보았어요. 길게 꺾인 눈썹, 인자해 보이는 얼굴, 부드러우면서도 날카로운 눈매, 하얀 수염…… 강직하고 고결한 선비 모습 그대로였어요. 사진이 없었던 그 시대에 인물의 흔적을 남기기 위한 최선의 방법은 저런 초상화를 그리는 것이었겠지요.

2 실학이 성리학을 이겼더라면

다음으로 간 곳은 추사고택 서쪽에 위치한 김정희의 묘였어요.

"호랑이는 죽어서 가죽을 남기고 사람은 죽어서 이름을 남긴다는 말이 있지."

외할아버지는 김정희 묘소로 걸어가며 진지하게 말했어요.

"사람의 삶이란 아무리 길어야 백 년이지만 그 삶이 어떠했느냐에 따라서 길이길이 아름다운 이름을 남길 수도 있단 말이어. 그런 존재가 될 수 있다면 설령 아무리 짧은 생이었다 해도 이 세상에 태어난 보람이 있지 않겠어?"

외할아버지 말에 승곤이는 깊이 공감할 수 있었어요. 위인전의 목록에 오르는 사람들이라면 몇 백 년 전, 아니, 몇 천 년 전 사람이라고 해도 그 이름과 업적을 길이 기억하게 되잖아요?

"김정희가 세상을 떠난 지 백오십 년이 넘었지만 우리나라 사람이라면 누구나 그분의 이름과 업적을 기억하고 있당께. 서예가로서 실학자로서…… 지금 그분은 이 땅에 묻혀 있지만 그분의 이름은 앞으로도 계속 세상 사람들의 입에 오르내릴 거여. 평범한 우리들로서는 그런 삶이 부러울 수밖에 없당께."

"할아버지, 이곳에 오면 실학에 대해 자세하게 알려 주신다고 하셨는데요."

승곤이는 추사고택을 답사하며 내내 가슴에 담아 두었던 이야기를 꺼냈어요.

"아따! 방금 실학이라고 그랬냐이? 할아버지는 개인적으로 실학이 조선시대에 뿌리를 내리지 못한 것에 대해 속이 쓰려분다. 실학이 조선시대에 제대로 자리 잡았다면, 우리나라는 좀 더 일찍 새로운 문물을 받아들였을 것이고, 발전을 앞당겼을 턴디……."

외할아버지의 얼굴에 안타까운 기색이 또렷하게 나타났어요.

"예의와 명분, 유학의 이론을 중요시했던 성리학이 조선시대 선비들의 정신적 지주가 되었던 것은 사실이여. 그런디 성리학은 너무 이론적인 것에만 치우쳐 있어 부렸어. 그러니께 임진왜란과 병자호란을 겪고 황폐해진 백성들의 삶에 별다른 도움을 주지 못했당께. 이런 상황에서 실학의 싹이 튼 것은 당연한 일이여."

그때 아빠가 말문을 열었어요.

"맞습니다, 아버님. 실학자들은 현실의 어려운 상황을 해결할 수 있다면 서양의 문물이라도 받아들여야 한다고 주장했지요. 그 당시 조선은 세계의 정세가 달라지는 것에 순응하지 못하고 그저 명분에만 급급했지요. 병자호란이 일어난 것도 청나라와의 교류를 거절했기 때문이었잖습니까?"

"맞아 부려. 폭군으로 알려진 광해군에 대해 재평가하는 사람들은 그 문제에 대해 말한당께. 광해군은 청나라와의 외교에 긍정적이었응께. 조선이 청나라와의 외교에 적극적으로 힘쓰고 서양의 문물을 좀 더 일찍 받아들였다면 조선의 역사는 달라졌을 텐데……. 역사에는 '만약'이라는 전제가 무의미하다고 하지만 말이여."

외할아버지와 아빠의 대화를 주의 깊게 듣던 승곤이가 조심스럽게 물었어요.

"할아버지, 그러면 결국 실학이 성리학을 이기지 못한 건가요?"

"그렇다고 볼 수 있지."

"왜요? 왜 실학이 성리학을 이기지 못했어요?"

외할아버지는 잠시 하늘을 올려다보며 생각하다가 이렇게 대답했어요.

"글쎄, 여러 가지 이유가 있었겠지. 하지만 가장 직접적인 원인은 실학자들 중에는 천주교인들이 더러 있었는디 나라에서 천주교인들을 못살게 굴었다는구먼. 그래서 실학자들이 설 곳이 없어졌지. 이것 말고도 이런저런 이유로 실학자들은 기존의 성리학자들에 의해 거부당하고 밀려 났자녀. 실학자들의 뜻을 이을 사람들이 줄어들면서 자연히 실학은 점점 더 힘이 약해질 수밖에 없었던 거여."

"안타까운 일이네요. 그렇게 실용적인 학문인데 선비들의 지지를 받지 못해서요."

"역사의 흐름을 보면 늘 그랴. 개혁적인 사상이 보수적인 사상을 이기기란 여간 어려운 게 아니여. 더구나 성리학은 보수적이고

현실을 무시한 미래 →

장미빛 미래

성리학 이외에 다른 학문을 받아들이지 않은 면이 특히 강했기 때문에 실학이 자리 잡기에는 역부족이었당께. 그래도 실학의 뜻은 그 후로도 오랫동안 학자들의 여론과 사상에 영향을 미쳐 부렸지. 비록 적극적으로 현실을 개혁시키지는 못했어도 현실을 바꿔야 한다는 필요성을 강조하기는 했어야. 그래서 조선 후기 일부 선비들의 개혁적인 행동에는 실학 정신이 밑바탕에 깔려 있다고 할 수 있당께."

김정희의 묘소는 화려하지는 않지만 깨끗하게 단장되어 있었어요. 특히 묘 앞에 소나무가 V자 형으로 자라고 있는 게 눈길을 끌었어요.

외할아버지가 김정희 묘를 바라보며 잠시 명상에 잠겨 있다가 아빠에게 물었어요.

"시방 내가 왜 자네헌테 실학 정신을 가지라고 한 줄 알겄냐?"

"짐작이 갑니다."

아빠는 뭔가 깨달은 듯 담담하게 대답했어요.

"현실을 무시한 미래는 의미가 없는 거여. 꿈! 물론 좋지. 그러나 그 꿈을 이루기 위해 현실을 외면한다면 결코 장밋빛 미래는 펼쳐지지 않을 거여."

외할아버지는 그 이야기를 할 때 특히 강조하듯 힘을 주었어요. 외할아버지가 승곤이와 아빠를 추사고택으로 오게 한 궁극적인 목적은 바로 그 이야기를 하기 위해서가 아닐까요?

그 다음 행선지는 월성위 묘소였어요. 월성위 김한신과 화순옹주를 합장한 묘라고 했어요. 승곤이는 자꾸만 월성위 묘 옆에 세워진 건물에 눈길이 갔어요.

"할아버지, 저 건물은 뭐예요?"

외할아버지가 기다렸다는 듯 대답했어요.

"응. 화순옹주의 꿋꿋한 신념과 태도를 기려서 세운 열녀문(烈女門)이여."

"예? 열녀문이요? 그러면 화순옹주가 남편을 위해서 죽었다는 말인가요?"

"그런 셈이지. 화순옹주는 남편인 김한신이 39세라는 젊은 나이에 세상을 떠나자 아무것도 먹지 않았지. 영조 임금이 딸의 건강을 염려하며 극구 말렸지만 화순옹주는 뜻을 굽히지 않았단다. 결국 김한신이 죽은 지 얼마 되지 않아서 화순옹주도 세상을 떠나고 말았당께."

승곤이는 처음 듣는 이야기였지만 커다란 감동을 받았어요. 왕의 딸로 태어나서 아무리 남편을 사랑했다고는 하나 굶어서 세상을 등졌다니, 보통 사람으로서는 할 수 없는 일이라는 생각이 들었어요. 그 꿋꿋한 신념도 신념이려니와 그토록 남편을 생각했던 화순옹주의 사랑이 아름답기도 하고 가슴 아프기도 했어요.

"영조 임금의 뒤를 이어 왕위에 오른 정조 임금은 고모의 정절을 기리기 위해 열녀문을 세웠당께. 그게 바로 저 정려각이여."

승곤이는 조선왕실에서 열녀가 나왔다는 이야기는 처음 들었어요. 아닌 게 아니라 화순옹주는 조선왕실에서 나온 단 한 명의 열녀라는군요.

외할아버지의 이야기를 듣는 동안 승곤이는 참 이상한 기분이 들었어요. 타임머신을 타고 조선시대로 돌아간 느낌이 든다고나 할까요?

생각해 보면 아주 오래 전의 일인데 마치 지금 이 순간에도 김정희를 비롯한 김한신과 화순옹주가 옆에서 숨 쉬고 있는 듯했어요. 그것이 외할아버지의 이야기를 들었기 때문인지, 아니면 김정희의 생가를 둘러보며 그분의 숨결을 느꼈기 때문인지는 정확히 알 수 없었어요.

승곤이 일행이 마지막으로 들른 곳은 김정희의 고조부 묘소였어요. 외할아버지는 답사의 길잡이처럼 앞장서면서 이렇게 말했어요.

"이곳에는 특이한 식물이 있어 부려."

"그게 뭔데요?"

"백송이라는 소나무여."

"백송이요?"

"하얀 소나무인데 김정희가 청나라에 갔다 오면서 가져온 씨를 심어서 키운 거여."

외할아버지는 백송이 천연기념물 제106호라는 말도 덧붙였어요. 백송을 살펴보니 특이하게 생겼어요. 하얀 소나무라니! 처음 듣는 이야기였고 처음 보는 나무였거든요. 이렇게 백송까지 보는 것으로 추사고택 답사는 마무리가 되었어요.

그리 오랜 시간이 걸리지는 않았지만 생가를 한 번 둘러보는 것만으로 이렇게 많은 것을 알게 되고, 생각을 하게 됐다는 것이 신기하게 느껴졌어요. 어느새 해는 기울어지고 그렇게 뜨겁던 햇살도 한풀 꺾인 듯했어요.

3 진흥왕순수비에 대한 진실

추사고택을 떠나려는데 승곤이는 어쩐지 발걸음이 떨어지지 않았어요. 뭔가를 두고 가는 듯 아쉬운 마음이 들었기 때문이지요. 걷다가 자꾸 뒤를 돌아보는 승곤이를 보더니 아빠가 물었어요.

"승곤아, 왜 자꾸 뒤를 돌아보는 거니?"

"모르겠어요. 어쩐지 마음이 허전해요. 이대로 그냥 가면 서운할 것 같아요."

그러자 외할아버지가 승곤이의 손을 꼭 잡으며 말했어요.

"할애비는 그 마음을 알 것 같구먼. 이 고택의 주인이 자꾸만 나를 부르는 듯한 환청이 들리지 아녀?"

승곤이는 고개를 갸웃거렸어요. 그런 것과는 다른 것이었지만 그 마음을 정확하게 표현할 수는 없었어요. 조금 더 머물면서 조상들의 숨결을 오래도록 되새기고 싶은 마음이라고나 할까요?

"원래 답사란 그런 거여. 일반적인 여행과는 또 다릉께. 답사를 한 번 갔다 왔다고 혀도 뭔가 만족스럽지 아녀. 두 번 가도, 세 번 가도, 몇 번을 가더라도 갈 때마다 새로운 느낌이 든당께."

외할아버지는 젊었을 때 답사 여행을 즐겨했대요. 언제라도 마음이 내키면 배낭 하나 짊어지고 무작정 길을 떠났대요. 그래서 전국 곳곳에 가 보지 않은 유적지가 거의 없다는군요.

"할아버지, 김정희는 소나무를 좋아했나 봐요."

"그게 뭔 소리여?"

"김정희 묘 앞에도 소나무가 심어져 있고, 고조부의 묘 앞에는 백송이 심어져 있고, 〈세한도〉라는 그림에도 소나무가 많이 그려져 있던데요?"

"네 말을 듣고 보니 그렇구나. 그건 아마 김정희가 소나무처럼 독야청청(獨也靑靑)하고 절개가 곧았기 때문이 아니었을까?"

아빠와 승곤이가 차에 오르는데 승곤이 배에서 '꼬르륵' 소리가 났어요. 외할아버지가 빙그레 웃었어요.

"배고프자? 시방 어디 가서 밥이나 먹어 부자."

외할아버지는 차를 몰고 읍내 쪽으로 가서 식당으로 들어갔어요. 승곤이와 아빠는 물냉면을 시키고 외할아버지는 갈비탕을 시켰어요.

"이렇게 더운 날에 왜 뜨거운 음식을 드세요?"

승곤이가 의아한 얼굴로 외할아버지에게 물었어요.

"이열치열(以熱治熱)이라는 말도 몰러? 이렇게 더운 날에는 뜨거운 음식을 먹고 땀을 빼는 것도 더위를 이기는 한 방법이랑께."

"그래도 이렇게 더운데 시원한 냉면을 드시지 그러세요."

"할아버지는 여름보다는 겨울에 먹는 냉면을 더 좋아한단다."

"그 추운 날에 냉면을 먹는다고요? 말도 안 돼."

승곤이는 놀랍다는 듯 입을 벌렸어요.

"네가 몰라서 그랴. 원래 진짜 맛을 아는 사람들은 한겨울에 먹는 냉면을 진정한 냉면 맛으로 친당께. 살얼음이 동동 뜬 동치미에 냉면을 말아 먹는 그 맛이란 직접 맛보지 않고서는 모르는 것이여."

외할아버지의 설명에도 승곤이는 이해가 가지 않았어요. 아빠
나 외할아버지처럼 나이가 많아지면 이해가 되려나요?

　　음식을 먹으며 아빠가 말했어요.

　　"아버님, 그러고 보니 생각나는 게 있습니다. 김정희의 업적 중
에 하나가 진흥왕순수비를 고증한 것 아닙니까?"

　　"그랴. 그러고 보니께 내가 그 이야기를 한다는 것을 깜빡 잊었
구먼."

　　"진흥왕순수비요? 진흥왕이 땅을 넓히면서 국경마다 세웠다는
비석 말인가요?"

　　승곤이도 아는 이야기가 나왔기 때문에 귀가 솔깃해져서 대화
에 끼어들었어요.

　　"허허, 우리 승곤이도 알고 있었냐이. 그랴, 김정희가 북한산 순
수비의 가치와 내용을 분석하기 전까지는 사람들이 북한산에 있
는 비석이 진흥왕순수비라고는 미처 생각하지 못했어. 도참설을
주장했던 도선의 비석이나, 이성계의 스승이었던 무학대사의 비
석이라고 생각했단 말이여. 그란디 김정희가 그 비석의 글씨를 해
석하여 진흥왕순수비라는 것을 밝혀냈응께 그것은 대단한 업적이
라는 겨!"

외할아버지의 말이 끝나기가 무섭게 아빠가 말했어요.

"아버님, 그것뿐만이 아니지요. 황초령 순수비를 해석함으로써 삼국사기의 오류도 밝히지 않았습니까?"

"그랬어? 난 그 내용까지는 모르겠는디, 자세하게 얘기해 보더라고."

외할아버지의 눈빛이 반짝 빛났어요. 처음 듣는 이야기라는 듯 호기심을 보이는 것을 보니 외할아버지도 몰랐던 사실인가 봐요.

"그러셨습니까? 삼국사기를 보면 '지증왕'이나 '진흥왕'이라는 명칭을 죽은 뒤에 붙인 이름이라고 나와 있지만 사실은 그렇지 않답니다. 황초령 순수비에 있는 글을 해석함으로써 '지증왕'이나 '진흥왕'이라는 명칭은 생전에 불렀던 호칭이라는 것을 알아냈다는 겁니다. 김정희가 아니었다면 어찌 그런 숨겨진 진실이 드러날 수 있었겠습니까?"

"흐음, 자네로 인해 나 역시 몰랐던 사실을 알게 되었구먼. 역시 자네는 아는 게 많당께."

외할아버지가 아빠를 칭찬한 것은 참으로 오랜만이었어요. 아빠는 쑥스러운 듯 머리를 긁적였어요. 그 모습을 보니 승곤이도 기분이 좋아졌어요.

'역시 우리 아빠라니까.'

어쩌면 이번 답사를 계기로 해서 아빠가 자신감을 되찾을 지도 모르겠어요. 아니, 그럴 것이라는 확신이 들었어요. 떠나기 전에 의기소침했던 모습이 어느새 사라졌다는 걸 승곤이의 눈으로도 확인할 수 있었거든요.

무엇보다도 눈에 띄는 사실은 아빠를 바라보는 외할아버지의 눈빛이 많이 부드러워졌다는 거예요. 그 눈빛에는 아빠에 대한 애정이 묻어나고 있었어요.

진흥왕순수비에 대한 이야기를 하는 동안 날이 저물었어요.

"시방 이제 나가 부리자. 손님이 많아징께 자리를 어여 비워 줘야제. 남은 이야기는 집에 가서 해 부자."

외할아버지가 자리에서 일어나자 아빠와 승곤이도 따라서 일어났어요.

4 금석학이 뭐예요?

그날 승곤이는 저녁을 먹자마자 잠에 곯아떨어졌어요. 추사고
택으로 답사를 다녀오느라 무척 피곤했거든요. 어젯밤 일찍 잠자
리에 들어서 그런지 다음 날에는 동이 틀 무렵에 눈을 떴어요. 더
자려고 눈을 감았지만 잠이 오지 않았어요.

'나도 이제 아침형 인간이 되려나?'

승곤이는 눈을 말똥거리며 어제 외할아버지와 나누었던 이야기
들을 되새겨 보았어요. 그러다가 문득 궁금한 것이 떠올랐어요.

'그런데 김정희는 어떻게 해서 진흥왕순수비에 새겨진 비문을 해석했던 걸까? 어느 날 갑자기 북한산에 올라갔다가 순수비를 보았던 것일까? 그리고 우연히 비문을 해석하겠다는 다짐을 한 걸까?'

일단 의문이 들기 시작하자 걷잡을 수 없이 궁금한 마음이 들었어요. 승곤이는 궁금증을 참지 못하고 자리에서 벌떡 일어나 외할아버지의 방 앞으로 달려갔어요.

"할아버지, 일어나셨어요?"

"승곤이냐? 시방 할애비는 벌써 일어나서 바깥에 나갔다."

안에서 외할머니의 말소리가 들려왔어요.

승곤이가 나가 보니 외할아버지가 마당을 쓸고 있었어요.

"할아버지, 안녕히 주무셨어요?"

승곤이가 아침인사를 하자 외할아버지가 비질을 멈추고 승곤이를 돌아보았어요.

"오, 일찍 일어났구먼. 피곤할 텐데 더 자지 그려?"

"궁금한 게 있어요. 어제 진흥왕순수비 이야기에서요……."

"그래?"

외할아버지가 의아한 듯 승곤이를 내려다보았어요.

"어떻게 김정희는 북한산 순수비의 비문을 해석할 생각을 했을까요? 그렇게 한 데에는 어떤 계기가 있었을 것 같아요."

"허허. 우리 승곤이가 아주 좋은 질문을 하는구먼. 그려, 그런 생각은 얼마든지 할 수 있당께."

외할아버지는 빗자루를 마당 한 구석에 세워 놓더니 마루에 앉았어요. 승곤이도 외할아버지 옆에 앉아서 두 눈을 초롱초롱 빛내며 외할아버지의 이야기에 귀를 기울였어요.

"김정희는 실사구시(實事求是)를 주장한 실학자여. '실사구시'란 뭐냐? '실제적인 일에서 진리를 구한다'는 것이여. 무슨 말이냐 하면은, 학문을 연구하는 데는 실제적인 일을 통해 증거를 수집해서 결론을 내야 한다는 거여. 그리고 이러한 실사구시의 정신이 드러난 학문이 바로 금석학이었단 거여."

"금석학이요?"

"너에게는 처음 들어보는 단어일거여. 쉽게 말하면 비석에 새겨진 문장을 연구하는 학문이여. 그란께 우연히 김정희가 북한산 순수비의 비문을 해석했던 게 아니라 실사구시를 주장했던 학자로서 당연히 거쳐야 했던 과정이랑께."

외할아버지가 잠시 말을 끊으며 승곤이의 반응을 살펴보았어요. 승곤이가 자신의 말을 잘 이해하고 있는지 확인하려는 것이었지요.

"김정희는 어렸을 적에 아버지를 따라서 북한산에 올랐던 적이 있어 부렸다. 그때는 북한산 순수비가 무엇인지 정확히 모를 때였어. 다만 도선의 비석이다, 무학대사의 비석이다 하는 소문만 떠돌아 다녔었지."

"아, 그렇다면 어릴 때 북한산에서 비석을 본 것이 북한산 순수비의 비문을 해석한 직접적인 계기였군요."

"그랴. 어린 마음이었지만 비석에 대해 뭔가 이상한 생각이 들었을 거여. 그리고 나중에 실학을 연구하는 학자가 되면서 북한산에서 보았던 비석을 떠올린 거여. 정말 세상에 떠도는 이야기가 맞는지 궁금해진 건 김정희의 입장에서 당연히 가질 수 있는 의문이었을 거여. 그리하여 비석의 정확한 내용을 알아내기 위해서 직접 비문의 내용을 해석했던 것이고……."

"그런데 비문을 해석하는 일이 그리 쉬웠을 것 같지는 않아요. 신라시대의 비석이었으니 오랜 세월이 지났을 텐데 그 글자들이 온전히 남아 있었을까요?"

"참말로 예리한 질문이랑께."

외할아버지가 감탄한 듯 무릎을 쳤어요.

"물론 쉬운 일이 아니여. 비석의 면에 이끼가 두껍게 끼어서 마치 글자가 없는 것처럼 보였응께 말이여. 처음에 김정희는 글자가 없는 줄 알고 손으로 문질러 보았는디 글자 형태가 있다는기 손끝에서 느껴진 거여. 이끼 때문에 글자의 획이 끊어지거나 없어진 것처럼 보인 것을 깨닫고는 종이를 대고 글씨를 떠내면서 글자를 하나하나 해석할 수 있었던 거여."

외할아버지의 이야기를 듣는 동안 날이 훤하게 밝아왔어요. 그때 방문이 열리면서 외할머니가 나왔어요.

"아따, 시방 아까정부터 할애비와 손자가 무슨 이야기를 그리 재미나게 하고 있어유? 나도 좀 들어도 되는 거유?"

"당신은 들어도 몰러. 워낙 수준이 높은 이야기라서 말이여. 이런 이야기는 우리 승곤이처럼 똑똑한 사람하고나 통한당께."

외할아버지가 농담조로 말하자 외할머니는 샐쭉 토라졌어요.

"흥! 알았구면유. 나 빼고 계속해 보셔유."

그러더니 외할머니는 부엌으로 들어갔어요. 아침을 준비하러 가는 모양이었어요. 잠시 뒤에는 엄마도 부엌으로 따라 들어가면서 집 안이 소란스러워지기 시작했어요.

외할아버지는 외할머니로 인해 잠시 끊겼던 이야기를 다시 이어갔어요.

"승곤아, 또 한 가지 알아야 할 내용이 있구먼. 금석학은 그 당시 중국 청나라에서 지위와 권세를 떨쳤던 고증학의 영향을 받아 발달한 학문이라는 사실이여."

"고증학이요?"

"옛 문헌이나 옛 물건을 여러 가지 증거를 토대로 하여 이론적으로 설명하는 학문이여. 그래야만 옛 문헌과 옛 물건이 만들어진 시대, 내용, 가치를 보다 정확하게 설명할 수 있지 않겠냐이?"

외할아버지의 설명을 듣고 나니 고증학과 금석학이 자연스럽게 연결된다는 사실을 알 수 있었어요.

김정희의 실사구시 정신

실사구시의 추구

추사는 "실제적인 일에서 진리를 구한다(실사구시 : 實事求是)"는 말을 학문의 신조로 삼았어요. 즉, 학문을 연구하는 데는 실제적인 일을 통해 증거를 수집해서 결론을 내야한다는 말이에요. 자신의 생각을 고집하여 진리라고 말해서는 안 된다는 뜻이에요. 그래서 추사는 근거가 부족한 경우에는 차라리 그냥 놔두고 이러니저러니 하지 말아야 한다고 보았어요. 이것은 "아는 것은 안다고 하고, 모르는 것은 모른다고 하는 것이 참으로 아는 것이다"라는 공자의 말을 따른 것이지요.

추사는 평생토록 경전을 즐겨 연구했어요. 또 경전을 해석할 때 다른 사람의 말을 무조건 따르지 않고 경전의 본뜻을 찾는 것을 자신의 임무로 삼았어요. 이것이 바로 추사가 평생 추구했던 실사구시의 정신이랍니다. 실제적인 일에서 진리를 구한다는 뜻이지요.

그럼 실제적인 일이란 무엇일까요? 실제적인 일은 현실 생활에서 부딪치는 구체적인 일이기도 하지만, 또 다른 말로 표현한다면 "옛것을 본받아 새로운 것을 창조한다"는 '법고창신(法古創新)'이라고 말할 수 있어요. 그러므로 추사는 학문을 연구하는 방도는 다만 마음을 침착하게 갖고 널리 배우고 독실하게 실천하면서 오로지 '실제적인 일에서 진리를 구한다'는 것이 옳다고 말했답니다.

북한산 순수비 고증

추사는 젊은 시절 북경에 가서 청나라 학자 옹방강과 완원을 만난 뒤 그들의 금석문 연구에 자극을 받았어요. 그리고 우리나라에 돌아와 비석을 찾아다니며 비문을 연구하기 시작했어요.

어린 시절에 추사는 아버지를 따라 북한산에 올라 비석 하나를 본 적이 있었어요. 당시 사람들은 그 비석을 고려의 건국을 예언했다는 도참설의 대가 도선국사의 비석으로 알고 있었어요. 또 어떤 사람들은 이성계가 수도를 개경(지금의 개성)에서 한양(지금의 서울)으로 옮기는 것을 도왔다는 무학대사의 비석으로 알고 있었어요.

추사는 이 비석을 다시 검토해 보기 위해 1816년 7월 친구인 김경연과 함께 북한산에 올랐어요. 비석에 이끼가 두껍게 끼어서 마치 글자가 없는 것 같았어요. 추사는 이끼에 덮인 글자를 찾고 탁본을 했어요.

탁본을 한 결과 비석의 몸체는 황초령비와 비슷했고, 제1행 '진흥(眞興)'의 '진(眞)' 자는 닳아서 약간 없어졌어요. 하지만 여러 차례 탁본을 해서 보니, '진(眞)' 자임이 확실했죠. 그래서 마침내 이를 도선국사나 무학대사의 비석이 아니라 진흥왕의 옛 비석이라고 주장했어요. 추사는 다음과 같이 그 심경을 썼어요.

"1천 2백 년이 지난 옛 유적이 하루아침에 크게 밝혀져서 무학대사의 비석이라고 하는 황당무계한 설의 잘못이 밝혀졌다. 금석학이 세상에 도움이 되는 것이 바로 이와 같은 것이다. 그러나 이것이 어찌 우리들이 밝혀낸 일개 금석의 인연으로 그칠 일이겠는가."

황초령비 고증

추사는 1832년에 친구인 권돈인을 통해 황초령비의 탁본을 받게 되었어요. 탁본을 받은 추사는 이를 연구하여 〈진흥왕이비고(眞興王二碑

攷)〉, 후에 〈예당금석과안록(禮堂金石過眼錄)〉이라고 불리는 불후의 논문을 썼어요. 또한 추사는 이 비문의 내용을 근거로 김부식의 《삼국사기》에 있는 오류도 바로잡았어요. 즉, 《삼국사기》에 의하면 지증마립간 15년 조에 "왕이 돌아가셨다. 시호를 지증이라고 하였으니, 신라의 시호법이 여기에서 시작되었다"고 하였고, 또 〈진흥왕본기〉에도 37년 조에 "왕이 돌아가셨다. 시호를 진흥이라고 하였다"고 했어요.

그러나 이 비석은 진흥왕이 스스로 만들어 세운 것인데도 엄연히 진흥대왕이라 칭하였고, 북한산의 비문에도 진흥이란 두 글자가 있으므로, 이것으로 본다면 법흥이니 진흥이니 하는 칭호는 죽은 뒤에 칭한 시호가 아니고, 바로 살아 있을 때 부른 칭호였다는 거예요.

또한 추사는 진흥왕이 연호를 쓰고 짐이라는 말을 쓴 것은 스스로 황제라는 의식을 가졌기 때문이라고 생각했어요. 당시 동양에서 연호나 짐이라는 말은 황제만이 쓸 수 있었기 때문이죠. 백제 무령왕의 지석에서도 스스로 짐이라는 칭호를 쓰고 있는 것을 보면 백제도 마찬가지로 스스로 황제 의식을 갖고 있었던 것으로 보여요.

변화하는 삶은 아름답다

 최고의 요리는 두부, 오이, 생강 나물이요, 최고의 모임은
부부, 자녀, 손자, 손녀로다.

— 추사 김정희

1 시골 생활을 하면서 깨달은 몇 가지

개학이 되기 전에 추사고택을 다녀온 것은 참 잘한 일이었어요. 그러지 않았다면 내내 우울한 마음으로 학교에 다녔을 테니까요. 그 점에 대해서는 외할아버지에게 진심으로 고마운 마음이 들었어요.

천국도, 지옥도 마음속에 있다더니 정말 모든 게 마음먹기에 달렸더라고요. 승곤이가 다니게 된 학교는 서울의 학교에 비하면 작고 초라했어요. 시설도 그리 좋은 편이 아니었고요.

그래도 승곤이는 별다른 불만이 생기지 않았어요. 서울은 서울대로, 시골은 시골대로 장점과 특색이 있다는 사실을 알게 되었으니까요.

학교까지 가려면 꽤 먼 거리를 걸어가야 했지만 긍정적으로 마음을 먹으니 학교 가는 길이 즐겁게 느껴지는 거예요. 친구들과 함께 걸어가면서 바라보는 하늘은 눈이 시리도록 푸르렀어요. 가끔 하늘에 떠다니는 조각구름의 숫자를 세는 것도 재미있었어요. 학교로 가는 길에 들꽃들을 바라보기도 하고 유난히 눈길을 끄는 꽃들이 있으면 그 자리에 멈추어 서서 향기를 맡기도 했어요.

처음에는 시골 학교에 다니는 게 영 어색했지만 며칠이 지나니까 금방 익숙해졌어요. 아니, 오히려 학교 운동장이나 아파트 놀이터, 공원이 아니면 마음 놓고 놀 수도 없는 서울 아이들이 불쌍하게 느껴지던 걸요.

시골은 집 밖으로 나가기만 하면 아름다운 자연이 펼쳐져 있어서 얼마나 낭만적인지 몰라요. 산이고 들판이고 무리를 지어 돌아다니면 그곳이 바로 놀이터였어요. 서울에 살 때에는 본 적도 없는 동물들이며 새들도 심심찮게 발견할 수 있었어요.

동네 아이들은 승곤이의 친구이자 스승이었어요. 승곤이가 잘 모르는 시골 생활에 대해 잘 가르쳐 주었으니까요. 버들가지로 피리를 부는 법이라든가 잡초를 뽑는 법, 들꽃들의 이름에 대해서 승곤이가 묻기만 하면 척척 알려 주었답니다. 그 덕분에 승곤이는 구절초, 용담, 쑥부쟁이, 꽃향유 등의 들꽃도 알게 되었어요.

"야, 들꽃들도 각자 자기 이름을 갖고 있다는 게 신기하다. 예전에는 들꽃 같은 건 풀 종류로만 생각했는데……."

"그래서 서울 촌뜨기라는 말이 있는 거여. 들꽃도 자세히 보면 얼마나 예쁜디."

그런 말을 할 때 친구들은 어깨를 으쓱거렸어요. 하긴 그런 면에서 친구들이 엄연히 승곤이보다 한 수 위였으니까요. 그 대신 동네 아이들은 승곤이에게 서울 생활에 대해서 꼬치꼬치 물으며 신기해 했답니다.

승곤이가 생각하기에 한 계절은 서울보다 시골에서 더 길게 머무는 것 같았어요. 서울은 아파트와 건물, 콘크리트에 둘러싸여 있어서 온도만으로 계절을 짐작했지만 시골은 달랐거든요. 산, 들, 나무, 길…… 눈을 돌리는 곳마다 오롯이 계절의 흔적이 남아 있었어요. 가만히 보면 밤하늘의 별들도 훨씬 밝고 커 보였어요. 아마 공기가 더 깨끗해서인가 봐요.

학교에서 집으로 돌아가는 길은 얼마나 평화로운지 몰라요. 길에는 코스모스가 바람에 흔들리고 그 위로 고추잠자리들이 맴도는 풍경을 바라보면 여기가 천국이 아닐까 싶은 생각이 들 정도랍니다.

친구들과 저녁이 될 때까지 산과 들을 뛰어다니다가 문득 하늘을 올려다보면 붉게 노을이 지는 모습이 참으로 환상적이에요. 이래서 서울 사람들이 전원생활을 꿈꾸나 봐요.

엄마와 외할머니를 따라 밭으로 가서 일을 배우는 즐거움도 쏠쏠했어요. 승곤이가 하는 일이라곤 흙을 파거나 잡초를 뽑는 것, 다 자란 채소를 따는 것 정도였지만 그 과정을 통해 배우는 게 많았어요. 조그맣던 싹이 쑥쑥 자라나 열매를 맺는 모습을 보면서 자연의 이치를 깨달았다고나 할까요?

"와, 할머니! 고추가 벌써 제 손가락 크기만큼 커졌어요."

"그래, 조금만 더 있으면 따서 먹을 수 있을 거여."

외할머니의 얼굴에 웃음꽃이 활짝 피었어요.

'뿌린 대로 거둔다' 는 말을 실감할 수 있는 곳이 바로 시골이었어요. 상추 씨를 뿌리면 상추가 싹 트고 고추 모종을 한 곳에서는 고추가 열렸거든요. 밥상 위에 오른 고추, 오이, 상추를 볼 때면 예전에 시장이나 마트에서 채소를 사서 먹을 때와는 다른 느낌이 들었어요. 외할머니는 그것이 농사를 짓는 기쁨이고 보람이라고 말한답니다.

물론 시골 생활이 하나에서 열까지 다 만족스러웠던 건 아니에요. 가끔은 서울과 비교해서 완연하게 더딘 발전이 답답하게 느껴졌으니까요. 더구나 승곤이가 사는 곳은 읍내와 떨어져 있어서인지 그런 느낌이 더욱 강하게 들었어요. 서울에 살 때에는 집만 나서면 패스트푸드점이며 대형마트며 PC방을 갈 수 있었는데 여기는 그렇지 못해서 답답할 때도 있었답니다.

승곤이 생각에 발전은 낭만과 반비례하는 단어 같아요. 발전을 추구하다 보면 아무래도 낭만과는 동떨어지게 되거든요.

시골 생활이 그리 호락호락하지 않다는 걸 배우기도 했어요. 자연은 가끔 호된 시련을 가져오기도 했으니까요. 농사는 자연과의 싸움이에요. 자연이 언제나 따사로운 햇볕과 적당한 비를 주지는 않거든요. 때로는 폭풍우가 몰아쳐서 곡식과 농작물들을 쓰러뜨리기도 하고, 정작 비가 필요할 때는 땅이 쩍쩍 갈라지도록 가물기도 했어요. 그럴 때면 농사를 짓는 사람들의 마음은 새까맣게 타들어 가요.

승곤이는 외가댁에 살면서, 밥상에 올라오는 밥과 채소가 수많은 농부들의 땀과 정성으로 이룬 소중한 음식이라는 걸 깨닫게 되었어요.

얼마 전부터 승곤이는 외할아버지에게서 서예를 배우고 있어요. 외할아버지 말에 의하면 서예를 하면 마음을 가라앉히고 정신을 집중하는 데 도움이 된다는군요. 벼루에 먹을 갈 때부터 정성을 쏟아야 올바르게 글씨를 쓸 수 있다는 말도 늘 강조했지요.

하지만 처음에는 그런 행동과 마음을 갖추기까지 어려움이 많았어요. 승곤이는 산만한 성격이었기 때문이지요. 자세를 바로하고 먹을 갈 때 얼마나 좀이 쑤셨는지 당장이라도 모든 걸 뿌리치고 자리에서 벌떡 일어나고 싶을 정도였어요.

"허허, 마음이 또 흐트러져부렸당께."

외할아버지는 승곤이의 마음을 들여다보는 듯 예리했어요.

"인내심이 없다면 아무것도 이룰 수 없는 거다. 이것조차 참지 못한다면 어찌 큰일을 해낼 수 있겠느냐?"

그러다가 외할아버지는 갑자기 생각난 듯 김정희 이야기를 꺼냈어요.

"지난번에 추사고택에 다녀오면서 김정희에 대해 많은 이야기를 했자녀? 그때에는 미처 못한 이야기가 있어 부렀다. 김정희가 훌륭한 이유 중에 또 한 가지는 십 여 년의 귀양 생활을 헛되이 보내지 않았다는 데 있는 거여. 제주도에 유배 가 있는 동안에도 학문 연구와 글씨를 쓰는 데 소홀하지 않았단 말이여. 그런 정신력이 밑바탕이 되었기 때문에 업적을 남길 수 있었겠지만 말이여."

"구체적으로 어떤 업적인데요?"

"추사체를 완성하고, 그 유명한 〈세한도〉를 그린 시기가 바로 제주도에 있을 때여. 그게 바로 진정한 선비의 모습 아니당가? 어떤 환경이라도, 그것이 절망적인 상황이라도 흐트러지지 않는 자세 말이여. 그런 자세가 있었기에 이토록 후대 사람들로부터 존경받는 학자가 될 수 있었던 거여."

"그런데 할아버지, 사람들은 왜 그렇게 추사체를 위대하게 생각하지요? 단순히 글씨를 잘 썼다고 해서 그런 평가를 받는 건 아닐 것 같아요."

사실 그 의문점은 추사고택에 갔다 온 뒤로 내내 승곤이를 궁금하게 하던 사항이었어요.

"흠, 글쎄다. 추사체는 글씨로 유명한 사람들의 필체를 연구하여 본받았지만 그 방식을 그대로 좇은 것이 아니라 새로운 모습으로 탄생시킨 필체라는 데 의의가 있는 거여. 즉, 명필가들의 필체에서 장점은 받아들이고 단점은 가려서 추사 김정희만의 필체로 만들어낸 거지. 처음에는 필체를 일정한 방식에 따라 시작했지만 나중에는 일정한 방식을 초월했으니 그러기까지 얼마나 노력하고 연구를 했겠느냐."

외할아버지의 말을 듣고 나서 승곤이는 추사고택에서 접했던 김정희의 글씨들을 떠올려 보았어요. 생각해 보면 일반적인 서체와 확실히 다른 그 무언가가 있었어요. 때로는 힘이 있어서 꿈틀거리는 느낌, 때로는 물이 흐르듯 부드러운 느낌, 때로는 규격에 딱 맞춘 것처럼 단정하고 끝맺음이 확실한 필체로 느껴지니 말이에요.

외할아버지는 다음과 같은 이야기로 김정희에 대한 이야기를 마무리 지었어요.

"글씨나 그림을 보면 그 사람의 인품을 알 수 있는 법이여. 김정희의 〈세한도〉 그림을 보거나 추사체를 보면서 무엇을 알 수 있을까나? 그분은 손놀림의 솜씨보다는 정신을 중요시했던 분이라는 사실이여."

아, 그렇군요. 승곤이는 왜 그렇게 김정희가 후세 사람들에게 존경을 받는지 이제 짐작할 수 있었어요. 강직함과 소박함, 명분 보다는 실리를 중요시했던 태도가 그분의 타고난 재주와 꾸준한 노력이 함께 어우러졌기 때문일 거예요.

2 아빠가 달라졌어요

'펑!'

천둥이 치는 듯한 굉음이 들려왔어요.

"아이, 깜짝이야!"

승곤이는 자기도 모르게 두 손으로 귀를 막았어요. 같이 길을 가던 외할아버지도 놀란 얼굴로 뒤를 돌아보았어요. 뻥튀기 아저씨가 쌀을 튀기는 소리였어요. 강냉이, 튀밥 등이 잔뜩 쌓인 곳에서 고소한 냄새가 풍겨왔어요.

추석을 얼마 앞둔 어느 장날, 승곤이는 외할아버지와 함께 장터에 갔던 참이었어요.

서울에서 살 때 대형 마트만 가 보았고, 가끔 아파트 안에서 장이 열리는 것만 보았던 승곤이로서는 장터에서 벌어지는 모습들이 참으로 신기한 풍경들이었어요. 가는 곳마다 물건을 가득 쌓아 놓은 주인들, 물건을 흥정하는 손님들, 구경하는 사람들로 시끌벅적했으니까요.

고추, 마늘, 고사리를 비롯한 나물들, 배추, 무, 밤, 생선, 신발…… 장터에는 없는 물건이 없었어요. 강아지들을 파는 아저씨의 모습도 보이고, 연방 가위를 찔겅거리며 엿을 파는 아저씨도 있었어요.

외할아버지는 승곤이를 데리고 돌아다니면서 필요한 물건들을 몇 가지 골랐어요. 고사리와 밤, 생선 등이었어요. 그런데 과일을 팔던 어느 할머니가 외할아버지를 보더니 반갑게 인사를 하는 거예요.

"어이구, 아저씨, 장에 나오셨어유?"

"허허, 과일 팔러 나왔는가? 요즘은 통 뵐 수가 없던디 무슨 일이라도 있었는가 보네?"

"며느리가 해산을 했구먼유."

"워쩐대. 그랴, 순산했고?"

"예. 월매나 예쁜 딸을 낳았는지…… 한번 놀러 오셔유."

할머니는 기쁜 얼굴로 대답했어요.

"참 잘 됐구면."

외할아버지는 축하의 말을 건네며 할머니와 함께 잠시 이야기를 나누었어요.

"옆에 아이는 손자인가 봐유?"

"예, 우리 외손자요. 승곤아, 인사드려라. 이쪽은 과수원을 하는 할머니여."

승곤이는 할머니에게 공손하게 인사했어요.

"녀석, 똘똘하게 생겼구면."

할머니는 외할아버지가 마다하는 데도 물건을 꾹꾹 눌러서 잔뜩 담아 주었어요. 이런 게 바로 시골 인심인가 봐요.

외할아버지는 이곳저곳을 다니며 필요한 물건들을 몇 가지 샀어요. 그 중 몇 개는 승곤이도 나누어 들었어요.

"승곤아, 시방 저기 들렀다가 가 부자."

외할아버지는 포장을 치고 나무의자를 가져다 놓은 간이음식점으로 승곤이를 데려갔어요. 마침 출출하던 참이었는데 외할아버지가 승곤이의 마음을 딱 알아챘나 봐요. 아니, 외할아버지도 배가 고팠나 봐요.

뜨끈뜨끈한 잔치국수 한 그릇을 먹고 나니 온 몸이 따뜻해지면서 기분이 좋아졌어요.

"이게 바로 장터에 오는 재미여. 물건은 값싸게 사고, 아는 사람들을 만나면 반갑고, 사람 구경도 실컷 하고, 이렇게 음식도 사 먹고 말이여. 그나저나 오랫동안 걸어서 힘들겠구먼. 이것도 익숙해지지 않으면 힘든 일인디 말이여."

"아니에요, 할아버지. 전 정말 재미있었어요. 다음에도 같이 와요. 장터 구경도 좋지만 이렇게 국수를 먹는 게 더 좋아요."

"오냐, 다음에도 또 데려오마."

외할아버지가 승곤이의 볼을 아프지 않게 살짝 꼬집었어요.

추석 전날이 되면서 조용하던 마을이 오랜만에 활기를 띠었어요. 명절을 맞아 고향으로 내려오는 사람들이 많았기 때문이지요. 마을은 사람들로 시끌벅적했답니다.

마을 곳곳에 차들이 세워져 있고 승곤이 또래의 아이들도 늘어났어요. 처음에 아이들은 서먹서먹해 하다가도 금세 친해져서 함께 어울려 놀았어요.

승곤이 외갓집에도 반가운 친척들이 왔어요. 외삼촌, 외숙모, 그리고 사촌동생들이었지요. 오랜만에 만난 친척들은 밤이 깊도록 음식을 만들며 이야기를 나누었어요.

마당에 있는 감나무에는 주황빛으로 익은 감들이 주렁주렁 열려 있고 둥근 보름달은 사방을 환하게 비추고 있어서 정말 추석 분위기가 났어요.

그런데 아빠는 조금 쓸쓸해 보였어요. 서울에 있었다면 으레 할머니 댁에 먼저 갔을 텐데 이번에는 상황이 그렇지 않았기 때문일 거예요.

"차례를 지내려면 서울에 가야 하는 거 아녀?"

그래도 외할머니는 아빠의 마음을 알아채고 아빠를 챙겨 주었어요.

"예. 올라가기는 해야지요."

"그랴, 안사돈 혼자만 계신께 더 신경 쓰이겠구먼. 다른 때 같으면 그곳에 먼저 들르고 이곳에 내려왔을 텐데 자네가 이곳에 있다 보니 부득이하게 이렇게 됐구먼."

"어머니도 이해하시겠지요."

    말은 그렇게 했지만 아빠는 무척 신경이 쓰이는 눈치였어요. 추석 연휴 전날에 할머니의 전화를 받았기때문에요. 무슨 일인지는 모르겠지만 할머니의 전화를 받은 뒤에 아빠의 얼굴이 어두워져서 승곤이도 걱정이 되었어요.

    어쨌든 추석 연휴 하루를 외가 식구들과 보낸 뒤에 아빠와 엄마 그리고 승곤이는 서울로 올라갔어요.

    "할머니!"

    승곤이는 할머니가 현관문을 열고 나오자마자 할머니에게로 달려가 품에 안겼어요.

    "아이고, 우리 승곤이, 그 동안 얼마나 컸나 보자."

    할머니는 반갑게 승곤이를 안으면서도 어쩐지 얼굴에 그늘이 져 있었어요.

    엄마가 부엌에서 일을 하는 동안 할머니와 아빠는 안방에서 이야기를 나누었어요.

    "전화로도 얘기했다만 언제까지 그곳에 있을 거냐? 나는 네가 그곳에 내려간 뒤로 일이 손에 잡히지 않아."

    "걱정을 끼쳐서 죄송합니다. 제가 무능한 탓에 일이 이렇게 되었어요."

"네 마음이 얼마나 불편하겠니? 겉보리 서 말만 있어도 처가살이는 안 하는 법인데……."

할머니는 승곤이 눈치를 흘깃 보면서 불만스럽게 말했어요.

"예상은 했다만 네 얼굴이 말이 아니구나. 꺼칠해지고 까매지고…… 시골 생활이 많이 힘든 모양이구나."

"힘들지 않아요. 정말 괜찮아요."

아빠가 손사래를 치며 아니라고 했지만 할머니는 여전히 못미더운 얼굴이었어요.

"괜찮기는 뭐가 괜찮아? 내가 그때 더 적극적으로 말리지 않은 게 잘못이지. 말이 좋아 귀농이지 '농사'의 '농' 자도 모르는 네가 무슨 농사를 짓겠다고……. 결국 처가에 얹혀살면서 허송세월만 보내는 건 아닌지, 그 생각만 하면 내가 잠도 안 오는구나."

할머니는 한숨까지 푹 쉬었어요.

"그렇지 않다니까요. 전 요즘 정말 배우는 게 많아요. 깨달은 것도 많구요. 생각해 보면 일이 이렇게 된 것도 다 제 책임 아닙니까? 되지도 않을 일에 매달려서 몇 년을 그렇게 보냈으니 이런 결과가 나온 거지요. 그나마 장인어른과 장모님 덕분에 최악의 상황은 막을 수 있었던 거라 생각합니다."

"그래, 공부는 잘하고 있는 거냐?"

"틈틈이 하고는 있지만 아무래도 제 길이 아닌 것 같습니다."

"그럴 줄 알았으면 그 좋은 직장을 놓치지 않는 건데……"

할머니는 안타까운 표정으로 아빠를 바라보았어요.

"아닙니다. 한 살이라도 젊을 때 이런 고비를 맞은 게 어쩌면 다행인지도 몰라요. 그렇지 않았다면 언제나 뜬구름 잡듯 꿈만 가지고 있어서 실생활에는 충실하지 못했을 테니까요."

아빠의 이야기에 진심이 담겨 있었어요.

"아버지가 무능해서 어머니가 고생하셨을 때 어린 마음에 아버지를 많이 원망했어요. 나는 절대로 아버지를 닮지 않겠다고 단단히 결심하기도 했고요. 그런데 제 지난 삶을 돌아보니 그런 아버지와 별반 다르지 않더군요. 그런 사실을 느꼈을 때 얼마나 섬뜩했는지 몰라요."

"그게 무슨 말이냐? 네 아버지와 너는 입장도 다르고 일의 추진력도 달랐어."

"어머니 눈에는 달라 보였겠지요. 그러나 객관적으로 살펴볼 때는 오십보백보예요. 대학 다닐 때 장학금에만 의지했을 뿐, 자립할 생각은 하지 않았잖아요? 그 어려운 환경에서 누나가 진학을 포기하고 제 뒷바라지를 해 준 덕분에 그나마 대학을 다닐 수 있었던 거잖아요."

"네 누나는 원래 공부에 뜻이 없었어."

"그건 어머니가 억지스럽게 합리화하시는 거예요. 누나는 의상 디자인을 전공하고 싶어 했어요. 다만 상황이 어려우니까 일찌감치 포기하고 취업 전선에 뛰어든 거지요. 저는 그때부터 어머니와 누나의 뒷바라지를 당연시했어요. 그것이 습관이 되어서 나중에는 아내의 내조를 받으며 이기적으로 저만의 꿈을 키워 왔던 거지요."

아빠와 할머니의 대화를 들으면서 승곤이는 아빠의 성장 환경에 대해 짐작할 수 있었어요. 할아버지가 직장을 잃은 뒤에 할머니가 가정의 생계를 꾸려나가야 했대요. 할아버지는 가장으로서 책임감이 부족했나 봐요. 집안에 쌀이 떨어져도 돈벌이를 할 생각도 안 하고 집에서 책만 읽었다고 하니까요.

그런 환경에서 할머니와 아빠, 고모는 얼마나 고생했겠어요. 아빠와 고모는 무능하면서 체면만 중요시하는 할아버지를 원망하면서 성장했대요. 다행히 아빠와 고모는 머리도 좋고 노력을 많이 했기 때문에 반에서 일등을 놓친 적이 없었어요. 그렇지만 집안

형편이 어려웠기 때문에 고모와 아빠 둘 다 대학에 갈 수 없었어다고 합니다.

결국 고모가 진학을 포기하고 취직을 해서 아빠의 진학을 도왔어요. 그렇게 아빠는 할머니와 고모의 뒷바라지로 대학을 졸업하고 좋은 직장에 들어갈 수 있었던 거예요.

체면과 과거의 명성에만 급급하여 현실에 바르게 대처하지 못했던 할아버지, 그 할아버지를 원망하면서도 아빠는 결국 할아버지가 갔던 길을 똑같이 밟았어요. 이 상황은 그 아버지에 그 아들이라는 말이 들어맞은 것일까요, 아니면 그런 환경에서 자랐기에 영향을 받은 것일까요?

그러나 이번에야말로 아빠가 확실히 뭔가를 깨달은 것 같아요. 외할아버지의 실학 교육이 아빠를 달라지게 만든 걸까요? 하긴 외할아버지의 실학 교육은 아빠뿐만 아니라 승곤이에게도 큰 효과가 있었어요. 실속이 없는 명분은 삶에 별 보탬이 되지 않는다는 사실을 깨달은 거지요. 과거와 미래 때문에 현재에 불성실하면 결코 밝은 미래는 찾아오지 않는다는 진리 말이에요.

무엇보다도 아빠의 가치관이 바람직한 방향으로 바뀌었다는 게 반가운 일이에요. 아빠가 어떤 상황에 닥치든 긍정적으로 생각하

며 현실에 적응한다면, 그리고 과거의 명성에 대한 미련과 미래에
대한 환상 때문에 현재를 소홀히 하는 일이 없다면 승곤이 가족의
귀농은 커다란 결실을 맺었다고 할 수 있겠지요.

3 김정희 선생님, 고맙습니다

외할아버지 덕분에 승곤이는 알게 된 것도 많고, 배운 것도 많았어요. 하지만 승곤이가 외할아버지한테 도움만 받은 것은 아니랍니다. 우연한 계기에 승곤이도 외할아버지에게 큰 도움을 주게 되었거든요.

승곤이 가족이 이사 온 뒤에 외할아버지 댁에 컴퓨터를 설치하고 인터넷을 연결했는데 그 일이 외할아버지의 생활에 큰 변화를 가져오게 된 거예요. 전에는 외할아버지가 '컴퓨터'의 '컴' 자도 몰랐거든요.

가끔 외할아버지는 승곤이가 컴퓨터를 하고 있을 때 흘낏흘낏 그 모습을 들여다볼 뿐 컴퓨터에 대해서는 별 관심을 갖지 않았어요. 그런데 어느 날 승곤이가 인터넷을 통해 음악을 듣는 것을 보더니 고개를 갸웃거리며 이렇게 물었어요.

"아니, 그런데 이 노랫소리는 어디에서 나오는 거냐?"

"컴퓨터에서요."

"컴퓨터로 노래를 듣는 겨? 아니, 노래는 라디오나 카세트테이프로만 듣는 줄 알았는디."

"컴퓨터는 만능이거든요. 할아버지도 한번 해 보시겠어요?"

"승곤아, 할애비는 컴퓨터를 만질 줄도 몰러."

그 순간 승곤이의 머릿속에는 전구에 반짝 불이 켜지는 것 같은 느낌이 들었어요. 왜 진작 그 생각을 못했을까요?

"할아버지, 할아버지도 컴퓨터 배우실래요? 제가 가르쳐 드릴게요."

"아녀, 할아버지는 컴퓨터 같은 건 몰라도 된당께. 그리고 이 나이에 컴퓨터 배우기도 힘들구먼. 눈도 침침하고 건망증도 심해 부려서."

"어? 할아버지, 그 말씀은 실학 정신에 어긋나는데요?"

승곤이가 자리에서 벌떡 일어나며 따지듯 말하자 외할아버지는 깜짝 놀랐어요.

"그게 무슨 말이여?"

"21세기는 컴퓨터가 필수예요. 그러니까 남녀노소를 불문하고 반드시 컴퓨터를 할 줄 알아야 한다고요."

"그라서?"

"그런데 지금 할아버지는 나이가 많으니까 컴퓨터 배우기를 포기한다는 말씀이잖아요? 그건 여태까지 할아버지가 주장하신 실학 정신을 잊지 말자는 말에 어울리지 않는 행동이라고 생각해요. 그렇게 생각하지 않으세요?"

승곤이가 조목조목 따지며 묻자 외할아버지는 너털웃음을 터뜨렸어요.

"허허허, 그려 그려. 승곤이 말이 맞구먼. 배우는 만큼 이 세상을 넓게 볼 수 있는데 그 사실을 깜빡 잊었구먼. 말이 난 김에 하는 말인데 사실 처음에 운전을 배울 때도 내 친구들은 모두 말려 부렸어. 늙은이가 운전은 배워서 뭐하냐고 말이여. 그래도 나는 일단 배워 두면 쓸모가 있을 거라고 하면서 뜻을 굽히지 않았당께. 결국 운전면허증을 따 놓으니까 여러 모로 편리할 때가 많더구면. 그런 나를 보면서 운전 학원에 등록한 친구들도 몇 명 있더구면."

"그것 보세요. 컴퓨터를 배우면 운전면허증보다 더 유용하게 사용하실 수 있을 거예요. 제 생각에 할아버지는 조금만 시간과 노력을 기울이면 컴맹에서 쉽게 벗어날 것 같아요."

"컴맹? 그건 또 뭐시여?"

"컴퓨터를 잘 모르는 사람을 컴맹이라고 해요."

"으흠, 그러니까 예전에 글자를 모르는 사람더러 문맹이라고 했듯이 컴퓨터를 모르는 사람도 그런 취급을 당한다는 말인 것이여?"

외할아버지는 팔짱을 끼며 심각한 표정을 짓더니 승곤이에게 진지하게 묻는 거예요.

"그랴, 컴퓨터를 배우면 어떤 점이 좋은 거여? 도대체 컴퓨터가 뭐기에 모두들 그렇게 컴퓨터에 매달리는지 전부터 궁금하기도 했었다만……."

"컴퓨터를 배우면 우선 많은 정보를 얻을 수 있어요. 예전에는 책과 신문을 읽거나 직접 찾아다녀야 원하는 정보를 얻을 수 있었

지만 이제는 달라요. 인터넷에 접속해서 클릭만 하면 웬만한 정보는 쉽게 얻을 수 있거든요. 그리고 편지 대신 이메일을 보내면 전보다 더 쉽게 소식을 전할 수 있고요."

"가만, 가만! 승곤아, '이메일'이니 '클릭'이니 하는 말은 이 할애비가 처음 듣는 거여. 이렇게 된 김에 승곤이 네가 할애비에게 컴퓨터를 기초부터 가르쳐 주었으면 좋겠는디."

"좋아요. 매일 조금씩 가르쳐 드릴게요."

승곤이는 자신이 외할아버지에게 도움을 줄 수 있다는 사실에 다소 흥분이 되었어요. 그리하여 외할아버지의 컴퓨터 정복을 위한 승곤이와 외할아버지의 합동 작전이 시작되었어요.

승곤이는 더도 말고 가장 기초적이면서 실용적인 내용만 외할아버지에게 가르쳐 주기로 마음먹었어요. 컴퓨터를 켜고 끄는 방법에서 시작해서 마우스를 다루는 법, 인터넷에 접속하는 법, 정보를 검색하는 방법 등이었지요. 그것만 배워도 외할아버지는 좀 더 넓은 세상을 알 수 있을 거예요.

물론 외할아버지가 컴퓨터를 배우는 건 쉬운 일이 아니었어요. 몇 번을 가르쳐 줘도 다음 날이면 잊어버리는 일이 비일비재했으니까요. 그러나 외할아버지는 승곤이의 기대를 저버리지 않기 위해 몹시 노력했어요. 승곤이가 학교에 갔다 오면 컴퓨터 앞에 앉아서 마우스를 움직이는 외할아버지의 모습을 종종 볼 수 있었거든요.

노력은 성공의 어머니라고 했던가요? 외할아버지의 꾸준한 노력으로 마침내 외할아버지는 서툴게나마 컴퓨터를 다룰 수 있게 되었어요.

"흠, 신기하구먼. 손가락 모양으로 바뀌는 부분만 누르면 새로운 화면이 나타나니……."

"잘 보세요, 할아버지. 음악을 들으려면 이 부분을 클릭하면 되는 거예요."

외할아버지는 컴퓨터에서 음악이 흘러나오자 감탄을 금치 못했어요.

"워매, 참 좋은 세상이여. 라디오나 전축이 없어도 음악을 들을 수 있다니……."

외할아버지의 컴퓨터 실력이 늘자 승곤이는 문서를 작성하는 방법도 가르쳐 주기로 했어요. 자판 익히는 방법이 가장 어려운데 다행히 외할아버지는 타자를 칠 줄 알았어요. 때문에 문서 작성법은 생각보다 쉽게 배울 수 있었어요.

이렇게 해서 몇 달이 지나자 외할아버지는 인터넷 검색과 문서 작성은 별 어려움 없이 할 수 있는 수준이 되었어요.

"허허, 내가 승곤이 도움으로 컴퓨터를 할 줄 알게 되다니, 정말 믿어지지 않는구먼. 그래서 옛말에 '불치하문(不恥下問)' 이라는 말이 있지."

"불치하문이 무슨 뜻이에요?"

어려운 말이 나오면 반드시 그 뜻을 확인하는 승곤이였기에 이번에도 그냥 넘어가지 않았어요.

"손아랫사람에게 묻는 것을 부끄러워하지 않는다는 뜻이여."

"아, 그러니까 팔십 노인도 세 살 먹은 아이에게 배울 것이 있다는 속담과 비슷한 말이군요."

"그랴, 그랴."

승곤이가 스스로를 대견해 하며 어깨를 으쓱거리자 외할아버지는 껄껄 웃었어요.

"승곤아, 정말 고맙다. 네가 아니었다면 할아버지는 아마 평생 컴퓨터에 대해 몰랐을 거여."

외할아버지는 진심으로 승곤이에게 고마워했어요.

"사실 컴퓨터는 나와 먼 세계라고 생각해서 배울 생각도 안 했는디 네 말을 듣고 정신이 번쩍 난겨. 너와 네 아빠에게는 실학 정신을 마음에 새기고 살라고 했으면서 정작 나 자신은 그러지 못했으니……."

그러나 승곤이는 이것으로 만족한 게 아니에요. 외할아버지에게 컴퓨터를 가르치면서 또 하나 가르치고 싶은 게 생각났거든요.

"할아버지, 이것으로 끝이 아니에요. 할아버지가 또 배우실 게 있어요."

"이번에는 또 뭐여?"

"휴대전화 사용법이요. 할아버지도 이제 휴대전화는 갖고 계셔야 해요."

"그려, 맞다. 요즘은 정말 너나 할 것 없이 휴대전화를 갖고 다니더구나. 나는 집전화만 있으면 휴대전화가 뭐 필요할까 싶다만……."

"그렇지 않아요. 할아버지도 자주 밖에 계시고 외출할 일도 많으니까 휴대전화가 있어야 해요. 복잡한 건 생략하고 전화를 걸고 받는 법, 문자를 보내는 방법만 알아도 생활하기에 불편하지는 않으실 거예요."

승곤이는 엄마한테 가서 휴대전화를 달라고 했어요. 승곤이는 아직 휴대전화를 갖고 있지 않았거든요.

할아버지에게 휴대전화 사용법을 가르치는 건 컴퓨터 사용법을 가르치는 것에 비하면 아주 쉬웠어요.

"허허허, 우리 승곤이 덕분에 할아버지가 21세기를 살아가는 데 불편함을 느끼지 않게 되었구먼."

외할아버지가 대견한 듯 승곤이 머리를 쓰다듬어 주었어요. 승곤이도 마음이 뿌듯했어요. 실학 정신을 갖는다는 것! 그건 결코 거창하거나 어려운 문제가 아니에요. 너무나 빠르게 변하는 현대 문명에 맞추어 배워야 할 것은 배우며 살아가는 게 바로 실학 정신을 실천하는 것이라고 할 수 있으니까요.

그러고 보니 추사 김정희를 알게 된 것이 승곤이 가족에게는 참으로 다행한 일이지 뭐예요. 추사고택을 답사하면서 김정희를 알게 되었고, 그로 인해 실학 정신의 본뜻을 깨닫게 되었으니까요.

아빠의 변화는 승곤이 가족의 삶을 활기차게 바꾸었으니 김정희 선생님에게 감사의 인사를 올려야겠어요.

"김정희 선생님, 고맙습니다!"

김정희의 생애

명필(名筆)의 탄생

김정희는 1786년 충청남도 예산군, 오늘날 추사고택이라고 부르는 집에서 태어났어요. 지금도 승용차를 이용하지 않고 일반 버스를 이용한다면 찾아가는 것이 번거로운 한적한 시골에 자리 잡고 있어요. 이 집은 김정희의 증조할아버지인 김한신이 영조의 둘째 딸인 화순옹주와 결혼하여 영조로부터 받은 집이에요. 영조는 충청도 53개 군현에서 각 고을이 한 칸씩 집을 세우는 비용을 내게 해서 53칸짜리 집을 짓게 하여 사위에게 주었다고 해요. 지금 우리가 볼 수 있는 추사고택은 1970년대에 원래 규모보다 반으로 줄여 다시 세운 것이에요.

추사는 어려서부터 글씨를 잘 썼던 듯한데, 그가 여섯 살 때 '입춘대길(立春大吉)' 이라는 글씨를 써서 집 대문에 붙였다고 해요. 박제가가 이 글씨를 보고 추사의 집에 들어와 추사를 제자로 삼아 가르치겠다고 했어요. 박제가는 병자호란 이후 청나라를 적(敵)으로 생각한 사람들과 달리 청나라의 발달된 학문을 받아들이자고 주장했어요. 김정희는 그런 박제가에게 많은 영향을 받았어요. 김정희가 청나라에 가서 청나라의 학문을 받아들이기를 원했고 실제로 그렇게 했기 때문이지요.

일곱 살 때도 같은 글을 써서 대문에 붙였는데, 그때는 정조 때 영의정을 지낸 유명한 체제공이 이 글을 보고서 김정희에 대해 "명필로 이름을 떨칠 것이지만, 그 운명은 기구할 것이니, 붓을 잡지 못하게 하는 것이 좋을 것이다"라고 예언을 했다고 해요. 여덟 살에 쓴 글씨가 명필의 싹을 보여 주고 있지요.

스물네 살 때에는 과거시험 1차에 합격하여 생원이 되었어요. 그 해에 추사의 아버지 김노경이 청나라로 파견을 가게 되었죠. 아버지를 따라간 추사는 꿈에 그리던 북경에 갔어요. 여기에서 그는 일생 동안 그에게 영향을 준 여러 사람들을 만나게 돼요. 추사는 북경에서 학자 옹방강을 만난 후 금석학과 고증학에 관심을 가졌어요. 그리고 완원을 만나 완원이 소유하고 있는 글씨, 금석문, 탁본 등을 보았으며 완원 자신이 실사구시를 추구하면서 저술한 여러 저술들을 선물로 받았어요. 또 완원은 추사

에게 '완당(阮堂)'이라는 호를 주기도 했어요. 또 청나라의 화가 주학년은 추사의 그림에 영향을 주었어요.

귀양살이의 시작

1819년 김정희가 서른네 살 때, 과거시험에 최종 합격하여 정식으로 관료가 되었어요. 김정희의 집안은 당시에 상당한 영향력을 가지고 있었으므로 출세하는 데 도움이 되었어요. 그러나 이 때문에 당쟁에 휘말려 두 번에 걸쳐 유배 생활을 했어요. 먼저 김정희의 아버지인 김노경이 탄핵을 받아 1830년 10월 완도에 위리안치 되었어요. 위리안치는 집 주위에 가시울타리를 두르고 그 안에서만 생활해야 하는 형벌이에요. 유배의 형벌 중에 가장 엄한 형벌이죠.

추사는 아버지와 함께 지내면서 수발을 들었어요. 아버지의 유배가 풀리지 않자 추사는 임금이 행차할 때 꽹과리를 치며 원통함을 두 번이나 하소연했어요. 모든 체면을 다 버리고 아버지를 위해 꽹과리를 치는 추사를 머릿속에 그려 보면, 그의 지극한 효심을 지금도 느낄 수 있겠죠. 그러나 그 일로 아버지가 금방 풀려난 것은 아니고, 1833년 9월이 되어

서야 3년 동안의 귀양살이에서 풀려났어요.

　아버지인 김노경이 탄핵을 받고 귀양을 간 지 꼭 십 년 후인 1840년. 이번에는 탄핵의 칼날이 추사를 향했어요. 사실상 탄핵을 받을 만한 큰 죄를 지었다기보다는 정치인들의 음모에 휩쓸린 것이죠. 안동 김씨를 반대하는 정치 세력을 공격하는 성격이 짙었어요. 어떻든 8월 20일에 추사는 예산에서 서울로 잡혀 올라와 의금부로 끌려갔어요.

　의금부로 끌려간 추사는 문초와 고문을 받았어요. 다행히 추사의 친구 조인영이 선처를 바라는 상소를 올려 겨우 목숨을 건지고 제주도 대정에 위리안치 하라는 처분을 받았어요.

　서울에서 출발한 지 이십 일이 지나서 추사는 완도에 도착했어요. 요즘처럼 큰 배가 아니라 조그만 배를 타고 제주도까지 가는 것이므로 생명을 걸어야 할 만큼 위험한 길이었어요. 추사가 탄 배도 매우 험한 파도에 밀려 위험에 부딪히기도 했죠. 제주도 화북에 도착한 추사는 거기에서부터 또 백리 가까이 되는 대정까지 걸어갔어요. 대정에 도착한 추사는 마을 사람에게 방을 얻고, 가시 울타리를 치고 유배자로서의 삶을 준비했어요. 서울에서 유명했던 명문가의 선비가 죄인으로 살아야 하는 삶

은 참으로 힘들었을 거예요. 그래서 추사는 원래 어려운 사람은 어려운 줄 모르고 살지만, 어렵지 않게 살다가 어려운 처지에 떨어진 사람이라야 참으로 그 어려움을 알 수 있다고 했어요.

이러한 환경 속에서도 추사는 글을 배우러 오는 사람들을 가르치기도 하고, 찾아오는 사람들을 만나면서 유배 생활을 보냈어요. 그러나 십 년에 가까운 귀양살이에서 이런 일들이 차지하는 시간은 그리 많지 않았어요. 추사는 계속 학문을 연구하였으며 글씨를 썼어요.

독창적인 추사체

추사는 글씨를 많이 썼는데, 스스로 "나는 칠십 평생에 벼루 열 개를 밑바닥까지 뚫어지도록 했고, 붓 일천 자루를 몽당붓으로 만들었다"고 했으니, 그가 글씨를 얼마나 많이 쓰고 연습했는지 알 수 있어요. 결국 천재란 노력으로 이루어지는 것이죠. 특히 추사는 제주도에 있으면서 한나라 초기의 비문 글씨를 많이 연습했어요. 이것은 추사가 붓글씨 모양이 나뉘기 이전의 본래 모양을 한나라 초기의 비문에서 되찾을 수 있다고 생각했기 때문이에요. 이런 가운데 추사의 독창적인 글씨체가 만들어졌고, 이를 추사체라고 부르는 거예요. 어쩌면 추사가 귀양을 가지 않고 계속 정치를 했다면 추사체라는 글씨가 나오지 않았을지도 모르겠어요. 귀양살이는 추사 개인으로 보면 불행한 일이었지만, 우리 민족의 문화를 발전시켰다는 측면에서 보면 다행한 일이에요.

이렇게 유배 생활을 하던 추사는, 1855년 환갑이 지나고 예순넷의 나이에 귀양살이가 풀려 제주도를 떠납니다.

귀양살이에서 돌아온 추사는 지금의 제1한강교 북쪽 부근에 자리를 잡고 살았어요. 생활이 넉넉한 편은 아니었으나 제주도에서의 유배 생활과 비교할 수는 없었어요. 제주도에서 추사체를 완성한 추사는 이 시절에 많은 글씨와 〈불이선란도〉라고 불리는 명작도 남겼어요. 제자들을 가르치기도 하고 오랜 친구들과 다시 만나 즐거움을 나누었어요. 그러나 즐거움도 잠시, 이런 평온한 생활은 오래 가지 못했어요. 제주도에서 돌아온 지 3년도 채 되지 않은 1851년 7월에 함경도 북청으로 다시 귀양을 가게 되었어요. 추사의 동생들과 제자들도 귀양을 가게 됐어요. 욕심 없이 살던 추사는 억울하고 원통해서 "하늘이시여, 나는 도대체 어떤 사람입니까?"라고 부르짖었어요.

함경도 북청에 도착한 추사는 지붕을 나무껍질로 만든 집에서 귀양살이를 시작했어요. 추사는 그곳의 학자들과 어울리기도 하고 찾아오는 아이들을 가르치기도 했어요. 또 북청에서 발견된 돌화살촉을 연구하여 숙신 시대의 유물임을 고증하기도 했어요. 북청에서의 귀양살이는 1년이 조금 지나 풀렸어요.

끝없는 학문의 세계

추사는 북청에서 돌아와서도 학문을 게을리하지 않았어요. 후일 대원군이 된 석파 이하응도 추사에게 난초 그림을 열심히 배웠을 정도였어요. 또한 추사는 지속적으로 북경의 학자들과 교류하면서 열심히 공부했어요.

일흔 살이 된 추사는 "아직도 공부해서 학덕을 쌓으려는 지극한 소원을 끊어버릴 수 없다"고 학문적 열정을 토로했어요. 찾아오는 제자들을 가르치며 "천하의 뛰어난 사람들을 얻어 교육하는" 기쁨도 누렸어요. 이때 추사는 평범함 속에서 최고의 가치를 찾았어요. 글씨를 잘 쓰고 못 쓰는 것을 따지지 않았어요. 추사는 다음과 같은 글씨를 남겼어요.

최고의 요리는 두부, 오이, 생강 나물이요
최고의 모임은 부부, 자녀, 손자, 손녀로다.

서울 삼성동 수도산에 '봉은사' 라는 절이 있어요. 봉은사에 가면 추사의 마지막 글씨를 볼 수 있답니다. 봉은사에 대장경을 보관하는 건물이 있는데, 그곳 현판에 새겨진 글씨가 바로 추사의 마지막 글씨이지요. 마치 어린 아이 글씨처럼 보일 거예요. 이렇게 평범함 속으로 되돌아간 추사는 1856년 10월 10일 세상을 떠났답니다. 우리나라에 뛰어난 문화유산을 남기고 말이죠. 같은 날짜에《조선왕조실록》에는 다음과 같이 기록되어 있어요.

참판을 지낸 김정희가 세상을 떠났다. 김정희는 이조판서인 김노경의 아들이었다. 총명하고 기억력이 좋았으며 여러 책을 널리 읽었다. 금석, 그림, 역사에 대해 그 깊은 내용을 연구하여 꿰뚫었고, 초서, 해서, 전서, 예서에 대해 그 참된 경지를 묘하게 깨우쳤다. 때로는 거침없이 글씨를 쓰기도 했으나 사람들이 고칠 것이 없었다. 둘째 동생인 명희와 더불어

두 악기처럼 잘 어울려 당시의 대가가 되었다. 젊은 나이에 훌륭한 이름을 날렸으나, 도중에 집안의 화에 걸려 남쪽, 북쪽으로 귀양을 가서 온갖 어려움을 겪었다. 등용해 주면 나아가고 등용해 주지 않으면 물러났으니, 세상의 어떤 사람들은 그를 송나라의 소동파에 비교하였다.

에필로그

승곤이가 중학생이 될 무렵, 승곤이 가족은 서울로 올라올 수 있게 되었어요.

외할아버지는 승곤이 가족을 계속 시골에서 지내게 할 생각은 없었나 봐요. 승곤이가 6학년이 되자 서울로 돌아가야 하지 않겠느냐고 엄마에게 재촉했으니까요.

일단 그렇게 계획을 세우니 실행하는 일은 그리 어렵지 않았어요.

아빠는 서울에 있는 몇몇 회사에 이력서를 넣고 면접을 다니더니 얼마 되지 않아서 원하던 회사에 경력사원으로 뽑혔어요. 아빠가 취업이 되면서 모든 일이 순조롭게 풀렸어요.

승곤이는 몇 년 동안 살았던 외갓집을 떠나 서울로 가게 되어 서운한 마음이었어요.

승곤이 가족이 외갓집을 떠나던 날, 동네 사람들이 모두 나와서 배웅을 해 주었어요.

"그려도 정이 많이 들었는디 이렇게 가부린당께 서운허구먼."

"아, 그려도 발전을 해서 가니 얼마나 다행인 거여. 잘 된 일이여. 서울 가더라도 자주 연락혀."

엄마 아빠는 동네 사람들에게 일일이 인사를 했어요.

그 자리에는 승곤이 친구들도 나와 있었어요.

"승곤아, 잘 가 부려. 서울 갔다고 여기 완전히 까먹으면 안되는 겨."

호식이가 콧물을 훌쩍였어요. 울음을 참는 것 같았어요. 다른 친구들도 서운한 얼굴로 승곤이에게 작별 인사를 했어요.

그 모습을 보니 승곤이도 눈물이 핑 돌았어요.

짐은 이삿짐센터의 차로 먼저 옮기고 승곤이 가족은 아빠의 자가용을 타고 서울로 향하게 되었어요.

'모두들 잘 있어. 내게 소중한 벗이 되었던 친구들아. 그리고 하늘아, 산아, 나무들아, 꽃들아……'

정겨웠던 모든 풍경들이 아득히 멀어지고 있었어요.

몇 년 만에 돌아온 서울인가요? 손가락으로 꼽아 보니 거의 2년 만에 돌아온 셈이네요.

그동안 승곤이가 살던 아파트 주변도 많이 변해 있었어요. 공터에 커다란 병원 건물이 들어서고 편의시설도 늘어나서 더욱 살기가 편해졌거든요. 하지만 승곤이는 한동안 시골 외갓집이 눈에 아른거려서 서울 생활에 적응하기가 힘들었어요. 엄마 아빠도 마찬가지였을 거예요.

"어? 너 혹시 승곤이 아니니?"

승곤이가 아파트 광장을 지나가는데 낯익은 아주머니가 승곤이에게 말을 건넸어요. 자세히 보니 명호 엄마였어요.

"예. 안녕하세요?"

승곤이가 인사를 하자 명호 엄마는 반가워하며 승곤이의 손을 꼭 잡았어요.

"어머, 몰라보겠구나. 길에서 봤더라면 모르고 지나갈 뻔했어. 너희 집이 다시 이사 온다는 이야기는 들었지."

"명호도 잘 있어요?"

"그럼. 아유, 명호가 너를 보면 굉장히 좋아할 거다. 너 이사 가고 난 후에 무척 서운해 했거든."

승곤이는 어색하기도 했지만 이렇게 반갑게 맞아 주는 사람이 있다는 게 무척 고마웠어요.

엄마는 아파트 상가에 작은 꽃집을 열었어요. 가게가 집 근처에 있는 데다가 엄마의 적성에 맞는 일이라 일하는 게 즐거운 듯 보였어요.

시골에서 살다 온 아빠는 달라졌어요. 어떤 일이든 맡은 일에 대해 성실하게 임했어요.

"열심히 일한 만큼 반드시 그 대가는 돌아오게 되어 있어. 아무리 작은 일이라도 최선을 다하는 자세가 필요한 거지."

아빠의 그런 모습을 보니 승곤이도 하루하루를 알차게 보내야겠다는 결심을 하게 됐어요.

'엄마, 아빠가 열심히 일하시니까 나는 열심히 공부해야지. 학생이 해야 할 가장 중요한 일이 바로 공부니까.'

예전처럼 엄마가 등록하는 바람에 억지로 다니는 학원이 아니랍니다.

엄마도 전처럼 소문만 듣고 승곤이를 무조건 학원에 보내지 않았어요. 승곤이에게 의견을 물어서 정말 가고 싶어 하는 학원에 보내 주었지요. 그 대신 승곤이도 자신이 선택한 학원은 반드시 열심히 다니기로 결심했어요.

승곤이가 가게 된 학원은 태권도 학원과 피아노 학원, 그리고 영어 학원이었어요. 학교 공부는 엄마 아빠가 서점에서 사 준 문제집 위주로 복습했고요. 그게 아빠가 말한 실질적인 학습 방법이에요.

"공부에서도 거품을 빼야 해. 학원을 무조건 많이 다니는 게 중요한 게 아니라 진정 학생 본인에게 도움이 되는 학원을 선택하는 게 중요하다고."

아빠는 외할아버지로부터 배운 실학의 내용을 승곤이의 교육에 도입하게 된 거예요.

어쨌든 시골에서 보낸 몇 년의 시간은 승곤이 가족에게 커다란 전환점이 되었어요. 겉으로 보이는 모습을 중요시하며 살았던 삶이 실속 있고 경제적인 삶으로 바뀌었으니까요.

이제 승곤이는 외갓집에 가게 되면 전처럼 놀 생각만 하지는 않을 거예요. 자연을 느끼고 배우는 삶, 땀 흘리는 노동의 가치에 대해 진지하게 생각할 테니까요.

아빠도 때가 되면 외갓집에서 으레 보내왔던 쌀이나 고추, 깨, 고구마 등에 대해서 진심으로 고맙게 생각하면서 받을 거예요. 한 톨의 쌀과 한 줌의 채소를 키우기까지 얼마나 많은 노력과 시간이 필요했는지를 직접 체험했거든요.

아! 지금 막 외할아버지가 승곤이 휴대전화로 문자를 보내왔어요.

승곤아, 서울에 가니까 좋
으냐? 할아버지는 무척 섭섭
하구나. 할아버지가 이메일을
보냈단다. 시간이 날 때 읽어
보렴.

♡하는 할아버지

010-1234-1234

흠, 외할아버지한테 컴퓨터와 휴대전화 사용법을 가르쳐 드린 것에 대해 보람이 느껴지는 순간이에요.

승곤이는 곧 컴퓨터를 켜고 인터넷에 접속했어요. 외할아버지가 혼자 힘으로 보낸 첫 번째 이메일에 무슨 내용이 적혔을까 궁금해서 참을 수가 없었어요.

(가) 그런데 아빠가 건설하고자 하는 마을은 사람이 직접 살 수 있도록 만들었다. 그리고 가능한 한 생활에 필요한 물건을 재배하거나 만들 수 있도록 하였다.

사람은 자신이 만들거나 재배한 것을 자신을 위해 사용할 때 가장 큰 즐거움을 느낀다고 한다. 아빠 말씀을 빌리면 인간은 자신을 위해 노동할 때 가장 큰 행복을 느낀다고 한다.

그렇지만 이 마을에 와서 살 사람들은 여기서 생산되는 것만으로는 살수 없다. 다른 마을 사람들도 그렇듯이 사람들은 서로 협동하고 살아야 한다. 그래서 아빠는 무공해 체험 마을을 만들었다.

무공해 유기농으로 재배한 농산물을 시장에 팔기도 하고, 공해에 시달린 도시 사람 가운데 희망하는 사람은 언제든지 여기에 와서 머물고 갈 수 있다.

더 중요한 것은 많은 사람들이 여기 살고, 다른 사람들에게 농사에 관한 여러 가지 지식이나 농업 경영에 대한 것을 견학시키는 일이다. 그래서 견학에 참가한 사람들 가운데는 자신의 마을에 돌아가 농사를 짓거나, 도시 사람이 농촌으로 돌아가 농사를 지을 경우 도움이 되고자 하였다.

그 다음으로 아빠가 심혈을 기울인 것은 연구소 건설이었다.

공해가 없는 유전공학이나 농산물 연구를 위해 지은 연구소는 학자들

이 단지 학문을 연구하는 데만 만족하지 않고 그 연구의 결과가 사람들의 생활에 보탬이 되도록 하는 이용후생(利用厚生)에 주요 목적을 둔 것이라고 한다.

- 《박지원이 들려주는 이용후생 이야기》중

(나) "허허, 우리 승곤이도 알고 있었냐이. 그랴, 김정희가 북한산 순수비의 가치와 내용을 분석하기 전까지는 사람들이 북한산에 있는 비석이 진흥왕순수비라고는 미처 생각하지 못했어. 도참설을 주장했던 도선의 비석이나, 이성계의 스승이었던 무학대사의 비석이라고 생각했단 말이여. 그란디 김정희가 그 비석의 글씨를 해석하여 진흥왕순수비라는 것을 밝혀냈응께 대단한 업적이라는 게!"

외할아버지의 말이 끝나기가 무섭게 아빠가 말했어요.

"아버님, 그것뿐만이 아니지요. 황초령순수비를 해석함으로써 삼국사기의 오류도 밝히지 않았습니까?"

"그렸어? 난 그 내용까지는 모르겠는디, 자세하게 얘기해 보더랑께."

외할아버지의 눈빛이 반짝 빛났어요. 처음 듣는 이야기라는 듯 호기심을 보이는 것을 보니 외할아버지도 몰랐던 사실인가 봐요.

"그러셨습니까? 삼국사기를 보면 '지증왕'이나 '진흥왕'이라는 명칭을 죽은 뒤에 붙인 이름이라고 나와 있지만 사실은 그렇지 않답니다. 황초령 순수비에 있는 글을 해석함으로써 '지증왕'이나 '진흥왕'이라는 명

칭은 생전에 불렀던 호칭이라는 것을 알아냈다는 겁니다. 김정희가 아니었다면 어찌 그런 숨겨진 진실이 드러날 수 있었겠습니까?"

"흐음, 자네로 인해 나 역시 몰랐던 사실을 알게 되었구먼. 역시 자네는 아는 게 많당께."

-《김정희가 들려주는 실사구시 이야기》중

(다) 실학은 제1기(18세기 전반) 경세치용학파, 제2기(18세기 후반) 이용후생학파, 제3기(19세기 전반) 실사구시학파로 나뉘어요.

제1기 경세치용학파는 이익(李瀷)을 주류로 하여 토지제도 및 행정기구와 기타 제도를 바꾸는 데에 노력한 학파예요. 특히 이익은 실학을 학파로 성립시켰어요. 그리고 이익은 청나라를 통해서 들어온 서구의 자연과학 및 가톨릭 사상을 비판적으로 받아들였어요. 게다가 천문·지리·역사·제도·풍속·군사에 이르기까지 광범위한 문제를 다룬《성호사설(星湖僿說)》을 써서 자신의 개혁론을 펼쳤어요.

제2기 이용후생학파는 상공업을 통해 발생하는 물건을 사람들에게 전달하거나 더 좋은 물건을 만드는 기술을 기르는 데에 힘써야 한다고 주장한 학파예요. 이용후생학파는 박지원을 중심으로 하여 청나라의 앞선 기술과 문물을 직접 눈으로 보고, 이를 적극적으로 받아들이자는 북학을 주창하였어요. 그래서 '북학파(北學派)'라고도 불렀어요.

제3기 실사구시학파는 경전의 내용을 밝히는 학파로서 이 책의 주인공

인 김정희(金正喜)에 이르러 독자적인 체계를 이루었어요.

— 《김정희가 들려주는 실사구시 이야기》 중

1. 제시문(가)의 밑줄 내용과 제시문(다)의 정보를 이용하여, 제시문(가)의 아빠가 학문을 하는 이유에 대해서 적어 보시오.

2. 제시문(나)에 나타난 김정희의 학문 방법과 제시문(가)와 제시문(다)에 나타난 이용후생이 어떻게 다른지 적어 보시오.

02 다음 제시문을 읽고 물음에 답하시오.

(가) 학자들은 훈고(옛 문헌이나 가르침을 해석하는 공부)를 정밀히 탐구한 한나라의 유학자들을 높이 여기는데, 이는 참으로 옳은 일이다. 성현의 도는 마치 ㉠ 큰 집과 같다. 주인은 항상 ㉡ 방 안에 거처하는데 방으로 들어가려면 ㉢ 뜰을 거쳐야만 한다. 이 뜰과 같은 것이 바로 훈고이다.

그러나 일생 동안 뜰에만 있으면서 마루에 올라 방 안에 들어가려 하지 않는다면 끝내 하인이 될 뿐이다. 방 안에 잘 들어가기 위해 훈고를 정밀히 탐구하는 것이지, 훈고만 잘 한다고 일이 다 끝나는 것이 아니다. 다만 한나라 사람들이 방 안에 대하여 그리 논하지 않았던 것은 그때의 뜰과 방이 모두 잘 지어져 있었기 때문이다.

(나) 승곤이는 이런 상황에서도 좋은 대학만 고집하는 아빠를 이해하기가 어려웠어요.

엄마가 목소리를 가라앉히며 얘기했어요.

"시골에서 산다고 무조건 뒤떨어진다는 생각은 옳지 않아요. 다람쥐 쳇바퀴 돌 듯 학교에서 학원으로 다니면서 공부에만 시달리는 것, 나는 솔직히 못마땅해요. 오히려 자연 속에서 여유를 가지고 생활하는 게 더 큰 공부라고 생각해요."

"아주 어릴 때라면 그런 방법도 좋지. 하지만 승곤이 입장에서는 오히려 역효과야. 이렇게 갑자기 시골로 전학 갔다가 공부는 뒤떨어지고 아이들과 잘 어울리지도 못하면 어쩌려고 그래. 시골에서 도시 아이들을 그렇게 순순히 받아줄 것 같아?"

"처음에는 좀 힘들지 몰라도 그 고비만 넘기면 괜찮아질 거예요. 그리고 지금 우리는 시골 생활을 하느냐, 마느냐 선택할 입장이 아니에요. 당장 내일부터 생활은 어떻게 할 거예요? 저축한 돈과 퇴직금을 헐기 시작하면 걷잡을 수 없다고요. 일단 내려가는 수밖에 없어요. 당신 공부야 시골에서 해도 되잖아요?"

─《김정희가 들려주는 실사구시 이야기》 중

(다) "흠, 글쎄다. 추사체는 글씨로 유명한 사람들의 필체를 연구하여 본받았으되 그 방식을 그대로 좇은 것이 아니라 새로운 모습으로 탄생시킨 필체라는 데 의의가 있는 거여.

즉 명필가들의 필체에서 장점은 받아들이고 단점은 추사 김정희만의 필체로 만들어낸 거지. 처음에는 필체를 일정한 방식에 따라 시작했지만 나중에는 일정한 방식을 초월했으니 그러기까지 얼마나 노력하고 연구를 했겠느냐."

─《김정희가 들려주는 실사구시 이야기》 중

1. (나)에 나타난 엄마와 아빠의 두 관점을 잘 파악하고, 두 사람이 각각 (가)의 ㉠, ㉡, ㉢ 중 어느 가치를 더 중요시하는지 연관 지어 말해 보시오.

2. 그렇다면 ㉠을 올바로 알기 위해 우리가 어떻게 해야 할까요? (다)에 나타나 있는 김정희가 추사체를 만들어낸 방식을 예로 들어 이야기해 보시오.

통합형 논술
문제풀이

01
1. 제시문(가)의 아빠는 연구소를 건설하고 무공해 체험 마을을 만들어서 사람들의 생활에 도움을 주고 있습니다. 자신이 오랫동안 연구해 온 학문을 책에만 담아 주는 것이 아니라 몸소 보여 주는 좋은 사례라고 생각합니다. 조선시대 성리학자들은 실제 서민들의 생활과 동떨어지거나 당장 생계를 꾸려나가야 하는 사람들에게 뜬구름 잡는 이야기를 하는 것처럼 느껴집니다. 그러나 제시문(가)와 제시문(다)에 나와 있는 이용후생은 학문을 학문 자체로 놔두는 것이 아니라 사람들의 실생활에 이용할 수 있도록 만드는 학문을 해야 한다는 것입니다. 제시문(가)의 아빠도 공부를 통해 얻은 지식을 실생활에서 이용하여 사람들의 삶을 윤택하게 만들고 있습니다.

2. 김정희는 북한산에 있는 비석을 해석하여 진흥왕순수비임을 밝혀내고, 황초령순수비를 해석하여 삼국사기의 오류를 발견하였습니다. 이 점은 실제적인 일에 증거를 수집하여 학문을 연구하는 실사구시를 보여 주고 있습니다. 실사구시는 자신의 생각을 그대로 말하거나, 받아들이는 것이 아니라 충분한 근거와 증거를 가지고 추구하는 실학의 한 분야입니다. 실학은 사람들이 실제로 생활하는 데에 옳음을 구하는 학문입니다. 조선시대에 실학이 일어났지만 시간이 지나면서 실학의 성격은 조금씩 바뀌었습니다. 박지원을 필두로 하는 이용후생은 상공업 발전을 주장하면서 외국의 발달한 기술과 문물을 받아들여야 한다고 하였습니다. 이후 19세기에는 실사구시가 등장하였는데, 이용후생이 상공업, 기술을 강조하였다면 실사구시는 학문에 있어 실제와 증거를 찾고, 객관적인 태도로 학문에 임하는 사상입니다.

02
1. (가)에 나타난 비유를 보면, 올바른 깨달음이 큰 집이라고 할 때 방 안은 진리 자체를 뜻하고 뜰을 거쳐 가는 것은 진리에 이르는 길 즉, 진리를 깨닫는 방법을 뜻합니다. 옛 문헌을 해석하며 그 뜻이 무엇인지 탐구하는 훈고는 바로

뜰을 거쳐 가는 행위라고 할 수 있습니다. (나)의 승곤이 엄마는 자연 속에서 여유를 가지고 생활하며 얻는 깨달음을 진정한 공부라고 생각합니다. 즉, 이전 사람들의 가르침을 열심히 배우고 익히는 것보다 실제로 자기 자신이 체득하는 진리를 중요하게 생각하는 것이죠. 따라서 뜰을 거치는 과정보다 방 안 자체를 중요시합니다.

반면 승곤이 아빠는 엄마 의견에 반대하여, 도시에서 학교와 학원을 다니면서 같은 학생들과 어울리며 공부하는 것이 더 낫다고 주장합니다. 이는 어떤 환경에서 어떻게 공부를 해야 하는지 즉, 공부하는 환경과 방법이 중요하다는 의미죠. 따라서 아빠는 뜰을 거치는 과정을 매우 중요시한다고 볼 수 있습니다.

2. 김정희는 자신의 추사체를 만들기 전에 명필가들의 문체를 꼼꼼히 연구하고 분석하였습니다. 이는 (가)의 ⓒ처럼 뜰을 거치는 과정입니다. 옛 가르침을 해석하고 탐구하며 방 안에 다다르고자 하는 것이지요. 그리하여 그는 자신만의 관점에서 여러 필체를 분석하며 그 장점을 취하고 단점을 보완할 방법을 고민하였습니다. 바로 방 안에 이른 것이지요. 그리고 자신만의 완벽한 필체를 만들고자 노력했습니다. 그 결과가 바로 추사체의 탄생입니다. 김정희에게 추사체는 필체에 관한 큰 집과 같다고 할 수 있습니다.